August Paterno

Das hätte ich Dir noch sagen wollen...

Briefe an junge Christen

Ueberreuter

CIP-Titelaufnahme der Deutschen Bibliothek

Paterno, August:
Das hätte ich Dir noch sagen wollen . . .: Briefe an junge Christen/August Paterno. – Wien: Ueberreuter, 1991
ISBN 3-8000-3365-8

AU 163/1

Umschlag von Beate Dorfinger

Gesamtherstellung: Carl Ueberreuter Druckerei Ges. m. b. H., Korneuburg
Printed in Austria

Dieses Buch ist deshalb entstanden, weil mir viele junge Menschen ihre Sorgen und Freuden mitgeteilt haben. Es ist mir unmöglich, die Briefe so vollständig zu beantworten, wie ich das möchte. Der Verlag Ueberreuter hat mir die Möglichkeit gegeben, es auf diese Weise zu tun, dafür gebührt ihm Dank. Aber auch in diesem Buch werde ich nicht auf alle Probleme eingehen können, so manches wird wieder unbeantwortet bleiben. Dazu kommt, daß ich als Priester bei meinem Leisten bleiben sollte. Ich weiß beim besten Willen nicht alles und kenne auch nicht für alles eine Lösung. Wahrscheinlich braucht es dies auch gar nicht. Denn meine Briefe sind an junge Menschen gerichtet, von denen ich glaube, daß sie selbst stark genug sind, Lösungen zu finden.
Was ich tun möchte, ist dies: aus meinen Erfahrungen und aus meinem Wissen ein wenig Licht auf den gemeinsamen Lebensweg zu werfen. Und das Licht hat seine Quelle im christlichen Glauben und im Versuch, christlich leben zu wollen. Daher ist alles, was ich hier sage und schreibe, in einem christlichen Licht zu sehen. Was ich darunter verstehe, werde ich im Laufe der nächsten Seiten hoffentlich verständlich erklären.

Brief 1

Antwort auf die vielfache Beteuerung, Probleme mit der Kirche (hier vor allem mit der katholischen) zu haben. Die Briefe und Fragen zum Problem kann man gleichsam kurz so beschreiben und als Titel über diesen Brief setzen:

Jesus ja – Kirche nein

Lieber Franz – möchte ich am besten schreiben, und ich tue es auch, weil ich den Brief am liebsten dem hl. Franz von Assisi schreiben möchte. Es könnte nun sofort ein Kluger sagen: Das ist doch nicht die richtige Adresse für einen »Kirchenbrief«; an den wäre doch ein »Umweltbrief« angebracht.
Das stimmt. Was aber auch stimmt, ist dies, daß der hl. Franz ebenfalls seine Probleme mit der Kirche hatte, und sie mit ihm. Und trotzdem ist er heute ein Mann, der beiden Seiten teuer ist: der Kirche und den jungen Menschen.
Gerade diesen Herbst habe ich junge Menschen getroffen und erlebt, die eine Woche in Assisi waren und mit viel Schwung und Freude wieder in ihre Heimat zurückgekehrt sind.
Aber es wird nun Zeit, zum Gespräch mit dem Franz zurückzukehren, den ich bitte, mir nicht böse zu sein, wenn ich so tue, als ob er die Probleme nicht damals, sondern heute hätte.
Nun gut, Francesco, ich weiß, du fühlst Dich nicht wohl mit den Gegebenheiten in Rom. Die Kirche ist Dir zu reich. Und du hättest gerne, sie

würde ein bißchen oder sehr nach Deinem Muster abspecken. Nicht umsonst hast Du, um ein Beispiel zu geben, das Geld Deines Vaters beim Fenster hinausgeworfen. Er war nicht sehr erfreut darüber. Kann ich mir gut vorstellen. Kratzt eifrig das Geld zusammen, macht gute Geschäfte sogar in Kriegszeiten, und Du haust alles weg. Er hat Dich doch nicht an der Wirtschafts-Uni studieren lassen, damit Du ein »Defizitspender« wirst! Irgendwie war er ja fast gezwungen, zu glauben, Du seist »oben« nicht mehr ganz in Ordnung. Er bringt dir bei, wie Du mit dem Einsatz geringster Mittel möglichst viel erreichst, und Du hast Dich offenbar entschlossen, mit dem Einsatz aller Mittel möglichst wenig zu erreichen.

Ich kann Dich gut verstehen, so wie ich Deinen Papa auch verstehe. Wenn zwei so verschiedene Denkweisen aufeinanderstoßen, dann gibt es Funken.

Aber so schlecht ist es ja nicht, wenn die Funken fliegen. Es ist ein Zeichen, daß man dem anderen noch zuhört, auch wenn einem das, was der andere sagt, nicht ganz paßt. Und das Problem mit dem Papa hat sich auch in Rom ergeben. Der »Papa« von Rom scheint Dir nicht ganz so »unschuldig« am Zustand der Kirche zu sein, wie sein Name es annehmen ließe. Ein bißchen scheint es auch mir riskant, »Innozenz« zu heißen, wenn man in der Welt so vielen Gefahren ausgesetzt ist. Da ist es schon besser, wenn einer sich »Petrus« nennt. Von dem wissen wir, daß er beides in sich trug: den Mutigen und den Feigling, den Gläubigen und den Agnostiker.

Francesco – Du willst eine arme Kirche, und der Papst hat Dir gesagt: Er wolle es auch; aber wenn man an seiner Stelle stehe, sei es nicht mehr ganz so leicht wie dort, wo Du stehen willst oder stehst. Das, was Du willst, wäre gut, ja, sehr gut für die Kirche: die freiwillige Armut. Aber Du wirst sehen, auch Deine Freunde, die im Laufe der Geschichte Dir in Deiner Gemeinschaft nachfolgen werden, werden auch ihre Probleme mit dem Geld, mit dem Besitz bekommen.
Ich glaube, nur ganz wenigen Menschen ist es möglich, so leben zu können wie Du. Dabei möchte ich gar nicht sagen, daß es unmöglich ist, so zu leben. Im Gegenteil! Aber nach wie vor ist in uns Menschen ein Trieb, der uns zum Besitzenwollen und zum Reichtum treibt. Ja – treibt! Das ist kein sanftes Schieben, das ist ein starker Trieb, dem kaum jemand entkommt. Ich glaube, überhaupt niemand, wenn er ein Mensch mit intakten Sinnen ist.
Nur gibt es in uns auch die Fähigkeit, diesem Trieb nicht immer oder gar nicht nachzugeben. Und da scheiden sich seit Jahrhunderten die Geister. In die, die ums »Goldene Kalb« tanzen, und in die anderen, die zumindest das, was sie haben, teilen. Oder besser gesagt, teilen wollen. Fast könnte man sagen: in solche, die dem alttestamentlichen Menschen entsprechen, und solche, die durch die Schule des Jesus von Nazareth gegangen sind. Dabei kann man sicher keine qualitätsmäßigen Unterschiede machen. Es sind dies Anschauungen, Prozesse, Entwicklungen. Denn auch die Leute, die ums Goldene Kalb getanzt

sind, haben gemeint, sie tun etwas Gutes dabei, etwas Religiöses. So wie sie es eben in Ägypten gesehen hatten.
Nur hatte inzwischen Moses auf dem Berg eine andere Gottesbegegnung gehabt, und er wußte, daß sein Gott weder ein Gott des Geldes noch einer der Anbetung stierhafter Sexualität war. Er konnte erfahren, daß sein Gott ein Gott mit den Menschen war, ein Gott, der sich für die Geschichte und für die Geschicke des Menschen interessierte, und nicht einer, der dafür sorgen wollte, daß einige sehr reich würden, auch nicht durch Spekulationen mit den Trieben des Menschen.
Aber das muß ich Dir, lieber Francesco, nicht sagen. Du hast immer gewußt, daß es eine große Gefahr für den Menschen bedeuten kann, wenn er nur noch das Geld vor Augen hat. Denn Gold und Silber sind Metalle, in denen wir uns spiegeln können, und da kann es schon passieren, daß wir nur noch uns selbst darin sehen.
Es muß nicht so sein, aber die Gefahr ist also groß, daß der Umgang mit dem Geld uns blind macht für andere Menschen, besonders für jene, die dieses Geld dringend benötigen würden, um nur überleben zu können.
Deshalb, Francesco, kann ich Dich gut verstehen, wenn Du die Kirche mahnen willst, nicht im allgemeinen Tanz um das Goldene Kalb mitzutanzen, sondern das Geld an jene auszuteilen, die es brauchen. Es gefällt mir daher auch gut, daß Du diese Forderung immer mit Beweisen aus den Schriften des Neuen Testaments untermauert

hast. Denn danach ist die Kirche eine Kirche des Teilens, ja des Verschenkens jener Dinge, die uns Gott zur Verwaltung und nicht zum Besitz anvertraut hat.

Nun gibt es aber auch Menschen, die andere Möglichkeiten sehen, Jesu-Texte zu deuten.

Lieber Francesco, Du bist einer von denen, die sie – ich nenne es so – »radikal« deuten. Ich habe auch bemerkt, daß es eine Weise ist, die Dinge zu betrachten, wie es eine nicht kleine Anzahl Jugendlicher ebenfalls macht. Ihr wollt an die Wurzeln gehen, und ich finde es gut so. Du hast dabei aber sicherlich auch bemerkt, daß das eine Methode ist, die auf Gegensätze hindeutet. Mir ist dies ganz besonders bei ein paar Schriftstellern aufgefallen, die sich auch dieser Methode verschrieben haben, wie z. B. der Dir sicher bekannte Ernesto Cardenal. Oder der aus Deinen Reihen stammende Leonardo Boff. Weshalb es kein Wunder ist, daß er dir sehr ähnlich ist. Die Ansichten von Freunden färben doch aufeinander ab.

Wobei es, meiner Ansicht nach, nicht nur die Deutung ist, die Dich von anderen »Deutern« unterscheidet. Es ist schon die Weise, wie Du das Ganze anpackst. Du siehst die Dinge unter der Rücksicht vieler Worte Jesu aus der Bergpredigt beim Matthäus, und wie mir scheint, hat es dir auch der Lukas angetan, der ja Deiner Auffassung von Jesus durch seine Sichtweise sehr nahekommt.

Ein sehr menschlicher Jesus, ein Jesus auf der Seite der Armen, sei es nun in leiblicher oder seelischer Not. Ein Jesus, der einfach und naturver-

bunden lebt und der nicht alles in der Absicht tut, seinen Vater im Himmel hochleben zu lassen.
Und wenn man Jesus nun so sieht, dann kommt man mit denen, die ihn anders sehen, notwendigerweise in Konflikt. Zumindest mit denen, die auf Kosten anderer, vor allem Armer oder Ausgebeuteter, reich geworden sind. Und dann mit all denen, die machtgierig sind und dabei auch noch gewalttätig. Sie können mit dem, der gesagt hat: Glücklich die Friedfertigen und Barmherzigen!, nicht glücklich werden. Dazu kommt, daß wenigstens indirekt jede Ausübung von Macht relativiert wird. Zum Pilatus, dem Gouverneur von Judäa, hat Er gesagt: Du hättest ja keine Macht, wenn sie dir nicht von »oben« gegeben wäre. Daher gibt es keinen Anspruch auf Macht. Es gibt die Macht nur als Geschenk zum verantwortlichen und verantwortungsvollen Gebrauch! Aber das muß ich Dir ja nicht sagen, ich habe es bloß so hingeschrieben, damit ich es selbst nicht vergesse.
Und dadurch, daß Du die Dinge um Jesus so siehst, ergibt sich das, was man Dir vorwirft: Du tust so, als ob die Bibel nur eine soziale Seite hätte. Aber dieser Vorwurf wird Dich nie treffen, denn daß Du weißt, daß die Bibel auch andere Seiten hat, hast Du genug bewiesen.
Obwohl, und das scheint mir, wenn man die heutige Zeit und Welt gründlich betrachtet, sehr richtig und wichtig zu sein, daß man auf jeder Seite des Neuen Testaments auf die soziale Seite stößt. Und die Folge daraus ist immer auch eine praktische: Wir sollten wie Jesus handeln, und wenn man so tut, dann ist damit Glück verbunden. Je-

nes Glück, nach dem sich so viele Menschen sehnen, auch junge Menschen. Ich hoffe daher, daß recht viele davon auf diese Seite stoßen und zu einem glücklichen – oder erfüllten, wie man denn so sagt – Leben angeregt werden.
Ich kann mir auch vorstellen, daß es für Dich als Mystiker nicht immer leicht gewesen ist, die soziale Seite im Mittelpunkt zu halten, weil doch auch die meditative Seite unseres Lebens so wichtig ist. Mir kommt vor, daß zur Zeit einige zu sehr dieser Versuchung nachgeben und meinen: man habe den besseren Teil erwählt, wenn man die Probleme dieser Welt durch Meditation auf die Seite schieben könne, und damit auch glauben, sie seien nicht mehr da, die Probleme nämlich. Wir sollten uns aber, der Meinung bin ich, immer wieder vor Augen halten, was da so deutlich im Matthäus-Evangelium: 25, 35–45 geschrieben steht: »Denn ich war hungrig, und ihr habt mir zu essen gegeben; ich war durstig, und ihr habt mir zu trinken gegeben; ich war fremd und obdachlos, und ihr habt mich aufgenommen; ich war nackt, und ihr habt mir Kleidung gegeben; ich war krank, und ihr habt mich besucht; ich war im Gefängnis, und ihr seid zu mir gekommen. Dann werden ihm die Gerechten antworten: Herr, wann haben wir dich hungrig gesehen und dir zu essen gegeben, oder durstig und dir zu trinken gegeben? Und wann haben wir dich fremd und obdachlos gesehen und aufgenommen, oder nackt und dir Kleidung gegeben? Und wann haben wir dich krank oder im Gefängnis gesehen und sind zu dir gekommen? Darauf wird der König ihnen

antworten: Amen, ich sage euch: Was ihr für einen meiner geringsten Brüder getan habt, das habt ihr mir getan.
Dann wird er sich auch an die auf der linken Seite wenden und zu ihnen sagen: Weg von mir, ihr Verfluchten, in das ewige Feuer, das für den Teufel und seine Engel bestimmt ist! Denn ich war hungrig, und ihr habt mir nichts zu essen gegeben; ich war durstig, und ihr habt mir nichts zu trinken gegeben; ich war fremd und obdachlos, und ihr habt mich nicht aufgenommen; ich war nackt, und ihr habt mir keine Kleidung gegeben; ich war krank und im Gefängnis, und ihr habt mich nicht besucht.
Dann werden auch sie antworten: Herr, wann haben wir dich hungrig oder durstig oder obdachlos oder nackt oder krank oder im Gefängnis gesehen und haben dir nicht geholfen? Darauf wird er ihnen antworten: Amen, ich sage euch: Was ihr für einen dieser Geringsten nicht getan habt, das habt ihr auch mir nicht getan.«
Und ich weiß, daß Du dasselbe denkst, was hier geschrieben steht. Es nimmt uns der himmlische Vater nicht etwa nur deshalb in den Himmel auf, weil wir gerne und oft und womöglich auch lange meditiert haben, sondern weil wir dem Flüchtling, obwohl das Boot anscheinend schon voll war, doch noch einen Platz zum Wohnen besorgt haben.
Ich weiß auch, daß Du es nicht gerne hörst, wenn ich Dich als Mystiker anrede, als einen, der die Fähigkeit in sich trägt, den direkten Weg zu Gott zu suchen. Du brauchtest den Umweg über die

Kirche nicht. Deshalb gefällt es mir so gut, daß Du aber trotz all deiner Kritik nicht aus der Kirche ausgestiegen bist. Du fühlst Dich als ein Kind, als ein »Jugendlicher« der Kirche. Du willst die Dinge ändern, aber Du scheust nicht die Mühe der Reform innerhalb der Kirche und beginnst bei Dir selbst.

Ich bin so froh, daß Du nicht sagst: Jesus ja – Kirche nein.

Das ist heute nämlich leicht zu sagen. Und es sagt sich auch leicht. Aber Du bist ein Beispiel, wie sich einer zum Aushalten motiviert. Du weißt, daß Jesus die Kirche wollte. Du weißt aber auch, daß die Kirche nicht immer so ist, wie sie sein sollte. Dazu kennst Du die Menschen zu gut, daß Du nicht wüßtest, daß wir Menschen nicht vollkommen sind. Wir sind nun einmal unvollkommene Geschöpfe, bisweilen sogar brutal unvollkommen. Wenn man nun jung ist, dann will man das nicht so ganz wahrhaben. Und die Jungen haben sicher ein Recht darauf, Ideale zu haben und sie aber auch zu verteidigen. Das schon deshalb, weil sie weniger schuldig geworden sind als wir Erwachsenen. Von daher wird es kommen, daß unsere jugendlichen Freunde bisweilen intoleranter sind. Sie haben selber noch nicht die ganze Brutalität des Lebens erfahren müssen, die uns Erwachsene zu Fehlern zwingt, auch dann, wenn wir keine machen wollen, unser Bemühen um Vollkommenheit mag auch noch so stark ausgeprägt sein.

Auf der anderen Seite haben die Jugendlichen das Recht, in ihrem jugendlichen Eifer Fehler zu machen. Und sie tun es auch. Nur gewöhnen sie sich

sehr bald an den »Erwachsenenschmäh« und nennen das Fehlermachen »Erfahrungen sammeln«. Was nicht heißen soll, daß Erfahrungen sammeln nichts als ein Anhäufen von Fehlern ist.
Ich halte nach wie vor jene Menschen für klug, die aus den Fehlern anderer lernen. Weil der logische Schluß doch nicht so blöd ist, daß wir Menschen uns in vielen Dingen ähnlich sind, und wenn wir ganz bestimmte Handlungen setzen, daraus auch ganz bestimmte Folgen entstehen. Daher liest der Kluge aus solchen Folgen für andere, daß er sie nicht unbedingt auch für sich haben muß. Das ist eine einfache, einleuchtende Regel. Mich wundert's nur immer wieder, wie wenige daraus profitieren. Aber wahrscheinlich lebt da in uns ein Hang, der uns einflüstert: Fehler machen ist besser, als klug sein. Und es ist ja auch wahr, daß es nicht so heiter ist, Fehler zu ertragen, da ist es schon reizvoller, sie in Tugenden zu verwandeln.
Mir kommt vor, ich bin ein wenig von dem abgewichen, was ich über die Kirche sagen wollte. Auf der anderen Seite bin ich doch der Ansicht, daß es sehr zusammengehört. Viele Probleme mit der Kirche entstehen deshalb, weil wir sie perfekter haben möchten, als sie sein kann. Aber das werde ich Dir ein wenig erklären müssen. Nicht, daß Du es nicht begriffest, doch glaube ich, daß ich da komplizierter denke als Du, es wird daher gut sein, Dir meine Sicht zu verdeutlichen:
Du hast ja die Kirche durch Deine Reformen verändert, aber Du hast auch gesehen, wie schwer es ist, das, was eine Reform will, durchzuhalten. Zu-

viel Schwäche ist in uns Menschen. Zuviel Unbeweglichkeit, als daß wir eine Änderung einer bestimmten verharzten Lage durchführen könnten. Wir Menschen hängen an unseren Gewohnheiten, sie sind wie eiserne Hemden, so daß wir kaum Änderungen wollen, weder im Guten noch im Bösen.

Nun gibt es aber im Lauf der Geschichte Menschen, die doch auch das Verkrustete entschlakken möchten, und es kommt dann zu der Erkenntnis, daß es wahrscheinlich sogar Gewalt braucht, um die Verkrustung zu lösen. Das ist dann die Revolution. Aber da geht halt viel kaputt, nicht nur die Kruste. Und oft muß man sich fragen, ob da nicht zuviel zugrunde geht. Beispiele in diesem Jahrhundert lassen sogar die berechtigte Frage aufkommen: Haben so manche Revolutionen, außer vergossenem Blut und neuen Ungerechtigkeiten, überhaupt etwas gebracht? Da scheinen mir die Reformen doch erfolgreicher gewesen zu sein; dies vor allem deshalb, weil sie bei einem selbst anfangen, und dann hat man wenigstens die Gewähr, daß sich einer, wenigstens ein wenig, zum Besseren verändert hat.

Aber wie gesagt, so etwas ist meistens ein langer Prozeß, braucht viel Geduld, und die haben wir in der Jugend meistens noch nicht. Obwohl es schon auch notwendig ist, daß auch die jungen Menschen für uns Erwachsene Geduld aufbringen, denn auch wir sind nicht fehlerlos. Und wenn die Kirche für viele junge Menschen ein schlechtes Beispiel darstellt, verglichen mit dem, was Jesus wollte, dann sind es vor allem wir Erwachsenen, die dieses Bild geprägt haben. Auch das sollten wir nicht vergessen!

Deshalb ist es so wichtig, daß man bis ins hohe Alter, sofern man es erlebt, versucht, beweglich zu bleiben, offen für die Fragen, die sich Tag für Tag ergeben. Schlimm ist es bei uns Erwachsenen nur dann, wenn wir meinen, wir seien schon etwas. Und gar niemand und gar nichts hätte uns noch was zu sagen. Ich habe einmal gelesen: »Der größte Feind des Werdens ist das Sein.« Für eine positive Einstellung im Leben kann nur der sorgen, der damit rechnet, daß er sich's ändern kann oder muß.

Die Schriften des Neuen Testaments sprechen da von Umkehr. Und ich bin überzeugt, daß dies ganz wichtig ist: was man als falsch erkannt hat, zu ändern, indem man in jene Richtung geht, die uns wieder vorwärts bringt und uns nicht nur im Kreis herumirren läßt, so daß man resigniert aufgibt, weil man keinen Ausweg mehr sieht.

Francesco, Dein Leben zeigt, daß es möglich ist, sich zu ändern, wesentlicher und einfacher zu werden. Du hast gezeigt und zeigst, daß der, der alles herschenkt und nichts mehr hat, der wahrhaft Reiche ist. Ich habe mir schon vorgestellt, wie eine Welt aussähe, in der alle so wären wie Du. Es wäre eine Welt der Geschenke, der Hingabe. Doch ich bin mir nie ganz klargeworden, wie die zu ernähren wäre? Aber wahrscheinlich hat die Erde wirklich soviel Substanz, daß sie jeden gut ernähren kann, der bescheiden von ihr leben will. Und die Gefahr, sie auszubeuten, wäre auch viel geringer. Das sind aber noch Visionen. Aber vielleicht kommt der Tag, wo Deine Pläne verwirklicht werden? Auf alle Fälle wäre es eine gerechtere Welt, weil dann vor allem jeder das hat, was er für sich braucht, und wenn die Bescheidenheit das Maß ist, wird es weder zu Erbstreitigkeiten noch zu Kriegen kommen.

Und es wäre sicher eine attraktive Kirche, eine Gemeinschaft von Menschen, denen es um das allgemeine Wohl geht, das darin besteht, daß es dem einzelnen wohl ergeht, weil er Rücksicht auf die anderen nimmt und deshalb diese Rücksicht auch genießt.

Es wäre im wahrsten Sinn des Wortes eine Gemeinschaft, über die man sich nicht ärgern müßte. Wer sich dann trotzdem noch ärgerte, wäre selbst schuld. Es wäre eine menschliche Gesellschaft, die nach den Grundsätzen Jesu und seiner Bergpredigt lebte und schon aus diesem Grund der Gefahr entginge, zu reich, zu ungerecht und auch zu mächtig zu werden.

Aber noch ist es nicht soweit. Noch müssen wir Geduld füreinander aufbringen, noch dürfen wir nicht aufgeben zu glauben, daß die Kirche ein Abbild von uns selbst ist: die Summe der Vorteile, Fehler und Versäumnisse der Menschen. Wo Menschen dabei sind, die vielleicht sogar stolz sind auf das eiserne Hemd der Gewohnheit und nicht glauben wollen, was Pius X., ein heiliger Papst dieses Jahrhunderts, gesagt hat: »Die Kirche ist immer renovierbedürftig.« Und wer glaubt, es sei nicht so, tut der Kirche nichts Gutes.

Warum und weshalb sollen wir nicht zugeben, daß wir Menschen Fehler haben, man sieht es ja

an allen Ecken und Enden. Und die Kirche, obwohl wir wissen, daß Gott bei ihr ist, ist deshalb auch nicht unfehlbar, insofern Menschen in ihr wirken, die Fehler haben und Fehler machen. Deshalb haben wir sicher auch gedacht, daß wir allen sagen sollten, daß zumindest dort, wo wir glauben, daß der Papst im Namen Gottes spricht, er unfehlbar sein müsse – und es daher auch ist. Viele Menschen haben sogar mit dieser Einschränkung ihre Schwierigkeiten, weil sie im Papst nur einen Menschen sehen. Du hast dieses Problem noch nicht, denn zu der Zeit Francescos, als Du durch die Straßen von Assisi und Rom zogst, gab es das Problem so noch nicht. Da glaubten die Menschen noch der Kirche. Und für die, die sich schwertaten, haben Du und viele ähnliche Typen wie Du für die Problematiker ein Tor geöffnet. Deshalb ist es auch so gut, daß Du heute wieder in Scharen auftrittst. Denn es sind viele Menschen auf der Welt, und es ist notwendig, daß einige, so wie Du einer bist, da sind, damit man erkennen kann, daß man nach den Regeln Jesu leben kann – glücklich leben kann. Und daß man dazu nicht viel an Gütern braucht, sondern nur ein Herz, das an Gott und am Leben hängt.
Lieber Francesco! Dieser Brief ist lang geworden, aber Du weißt selbst, wenn man viel auf dem Herzen hat, muß man sich viel vom Herzen schreiben, sonst wird es schwer und traurig dabei, und genau diese Traurigkeit können wir in unserer Jugend nicht brauchen, weil sie uns lähmt und uns die Zukunft verbaut.

Brief 2

Antwort auf die Frage: Gibt es Gott? Eine Antwort auf eine der vielen Fragen des Oliver D. Titel:

Wo ist er

Lieber Oliver, Du hast mir einmal gesagt, Du brauchtest keinen Gott, denn Du seist Gott. Das war, kurz bevor Du schwer verunglückt bist und ich Dich in Deiner Gipsmanschette gefragt habe: »So sehen also die starken Götter aus?« Und es war, bevor Du Deinen Bruder auf einer der vielen gefährlichen Straßen dieser Welt verloren hast. Seit jener Zeit habe ich den Eindruck, daß Du Dir Deiner absoluten Göttlichkeit nicht mehr ganz sicher bist.

Ich könnte jetzt froh sein und schreiben: Ich habe es Dir schon immer gesagt! Aber Du kennst mich und meine Scheu, über Gott zu reden. Ich bin nach wie vor überzeugt, daß wir zuviel über Gott reden, vor allem zuviel Dummes. Das beginnt damit, daß da einige ganz genau wissen, wer dieser Gott ist, und lang und breit darüber schreiben. Und so darüber schreiben, als ob Gott ein Gegenstand wäre, den man wissenschaftlich abhandeln kann, so wie einer über die Gesetzlichkeiten der Verbindung von Aminosäuremolekülen schreibt und womöglich auch noch den Nobelpreis dafür erhält.

Nichts gegen die Nobelpreisträger, aber viel gegen jene, die Gott wie einen beschreibbaren Gegenstand behandeln. In einem Nachkriegstheaterstück wird über diesen »Gegenstandsgott« gesagt: »Ich kann mit ihm nichts anfangen, er hat mir zuviel Tinte im Blut.«

Mir kommt vor, daß Er nicht nur zuviel Tinte im Blut hat, sondern jene, die über Ihn so »tintig« schreiben, zuwenig.

Was ich Dir, Oliver, schreibe, könnte bösartigerweise so aufgefaßt werden, daß ich gar nichts von einer Theologie oder von gewissen Gebetbüchern halte. Das allerdings wäre eine falsche Annahme. Aber ich glaube, daß das Gebot »Du sollst Dir von mir kein Bild machen« schon seine Berechtigung hat. Du wirst also von mir in diesem Brief nicht erfahren: was Gott denkt und wie er ist!

Ich halte es da mit dem Propheten Jesaja, der für Gott zu uns sagt: Meine Pläne sind nicht eure Pläne, und meine Gedanken sind nicht eure Gedanken.

Und aufgrund dieser Aussage bin ich auch der Überzeugung, daß die Mathematik Gottes eine andere ist als die unsrige. Und wir müßten uns sehr umstellen, damit wir begreifen könnten, daß in der göttlichen Rechenkunst unser Plus und unser Minus Plus ist. Und da wir Menschen uns nicht gerne umstellen, lassen wir es dabei, unserer Rechenkunst zu frönen und sie dann Gott zu unterschieben.

Womit wir wieder beim Beginn des Briefes wären. Es scheint, daß in uns eine alte Sehnsucht lebt, wie Gott sein zu wollen. Und wenn man es genau betrachtet, ist es überhaupt eine uralte Sehnsucht. Nicht umsonst wird in den Büchern, von denen wir annehmen, daß sie mit Gottes ausdrücklicher Hilfe entstanden sind, erzählt, daß selbst einer der gescheitesten und schönsten Engel, der wahre »Mister Universum«, ähnliche Sehnsüchte hatte und sie in einer Palastrevolution verwirklichen wollte. Es ist ihm, so wird berichtet, nicht gut bekommen – allerdings auch uns nicht. Wenn wir Gott spielen wollen, ist die Konsequenz: dann zerstören wir mehr, als wir aufbauen. Gott sein heißt: erschaffen und aufbauen. Wie Gott sein wollen heißt: zerstören und abschaffen.

Nun könnten wir aber lange miteinander darüber diskutieren, daß man von dieser guten Schöpfung nicht viel sehe. Ja, es lasse der Zustand der Welt sogar den Schluß zu, daß hinter dem Ganzen gar kein Gott stehen könne, sondern alles dem Zufall, dem blinden Zufall überlassen sei.

Es ist mir nur zu bewußt, Oliver, daß dieses Argument von Menschen vorgebracht wird, die alles andere als dumm sind. Und es gibt ja die Riesendiskussion um das Begriffspaar Zufall und Notwendigkeit. Und wenn man auch noch die Evolutionstheorie zu Hilfe nimmt, dann ist der Schritt nicht weit, der uns zu der Frage führt: Ist der Mensch nun Zufallsprodukt einer Entwicklung, oder sind wir wenigstens das Produkt einer *notwendigen* Entwicklung? Ich weiß nicht, wie sehr Dich dieses Problem überhaupt berührt, aber es hat doch seine ganz wichtigen Konsequenzen. Ich denke dabei immer an einen meiner Schüler, der einmal in einer Schulstunde gemeint hat, es sei doch für ihn unwichtig (er hat dabei sicher auch seine Freunde und Klassenkameraden mit einge-

schlossen), hier im Unterricht über Marxismus zu reden. Ich habe ihn später dann in Wien auf der Kärntner Straße getroffen, wie er Stimmzettel für eine Studentengruppe verteilte, die dem russischen Marxisten Trotzki sehr nahestand. Und ich war da froh, daß ich ihm von Karl Marx etwas erzählt hatte, so konnte er mir nicht vorwerfen, er hätte bei mir nie etwas davon gehört.
Und aus demselben Grund, aus dem ich in der Schulstunde über Karl Marx und die marxistische Weltanschauung gesprochen habe, möchte ich es nicht versäumen, Dir zu sagen, daß es für die Weltsicht eines Tages nicht egal ist, ob man glauben kann, man sei ein »sinnvolles« Produkt oder man sei nur ein »zufälliges« und daher auch überflüssiges.
Denn das hast Du inzwischen ja auch schon erfahren, wie problematisch es für den Schwung im Leben ist, wenn man sich überflüssig vorkommt. Für mich hat es da einen ganz entscheidenden Satz gegeben, der mir immer viel geholfen hat und heute noch hilft. Der französische Schriftsteller Jean Paul Sartre – er hat sich übrigens auf dem Sterbebett als christlicher Marxist erklärt – hat einmal, weil er erkannte, wie bedrohlich Sinnlosigkeit ist, gesagt: Der Mensch ist das, was er aus sich macht.
Ich glaube, daß das nun eine Erklärung ist, an der sich auch der gläubige Christ immer wieder aufrichten kann. Nur ist es möglich, daß auch das Gegenteil eintreten kann. Der Satz baut nicht nur auf, er kann auch deprimieren. Und zwar dann, wenn einer aus seinem Leben was machen will

und es wird scheinbar nichts daraus. Diese Situation kann vor allem in der Jugend eintreten, denn dort haben wir noch mehr Erwartungen und stellen auch höhere Anforderungen an andere, aber auch an uns selbst. Und wenn diese Erwartungen sich nicht erfüllen, kann das seelische Hoch, das man vielleicht hat, sehr schnell ins Gegenteil umschlagen. Ich vermute sogar, daß manche Kritik an der Umgebung ihre Quelle im eigenen Unvermögen hat, mit dem Leben, so wie man es sich vorstellt, fertig zu werden. Ähnlich ist es mit den Fehlern, die uns an unseren Mitmenschen auffallen. Es ist doch so, daß uns am andern am meisten das auffällt, was wir selbst an uns haben, und wir kritisieren das dann besonders heftig. Mir ist das immer dann besonders bewußt geworden, wenn einer bei einer Diskussion besonders viel geredet hat und dann, wenn ihn einer unterbricht, zu ihm sagt: »Bitte unterbrechen Sie mich nicht immer!«, oder: »Bitte lassen Sie mich endlich ausreden!« Oliver, wenn Du das nun liest, könntest Du fragen, was soll das alles mit Gott oder mit einem Atheisten zu tun haben? Deine Frage wäre an dieser Stelle berechtigt. Aber ich bin noch nicht ganz am Ende und muß hoffen, daß Du meinen Brief zu Ende lesen willst und meine komplizierten Konstruktionen verfolgen kannst. Diese Gedanken um uns Menschen sind für mich auch immer zugleich eine Frage nach Gott. Allerdings sehe ich auch ein, daß solche Fragen noch kein Beweis für die Existenz Gottes sind. Obwohl ich glaube, daß wir Menschen gar nicht nach etwas fragen können, was es nicht gibt. Das löst natürlich in einem

Zweifler sofort heftigen Protest aus. Die Diskussion wäre angefacht: Ob man Gott mit einem Etwas, einem Ding vergleichen könnte. Wobei ich wieder antworten würde: Nicht alles, was ich denken kann, ist »dinghaft«, aber es ist etwas, was ist. Vielleicht tust Du mir einmal die Ehre an und denkst darüber nach, was das ist, das kein Ding ist und doch existiert. Grips hast du dafür genug. Und ich weiß schon im voraus, daß nicht »notwendigerweise« die Antwort »Gott« herauskommen muß. Es kann aber sein, daß diese Gedanken zusammen mit dem Glauben in die Nähe einer Erkenntnis Gottes kommen können. Allerdings ist diese Erkenntnis dann im Herzen gelagert und nicht im Hirn. Wobei ich mit dem Wort Herz nicht nur das Organ meine, sondern das Herz als Zentrum des Menschen, durch das er erst richtig Mensch ist und wo Gefühle und Gedanken zusammenkommen. Es kann daher nicht Aufgabe des Hirns allein sein, an Gott zu glauben, Gott zu erkennen. Man muß es, wie es ein weiser Mensch schon vor langer Zeit formuliert hat, mit ganzer Seele und mit ganzem Gefühl und Gemüt tun.
Und da habt Ihr Jugendlichen wieder Vorteile, weil Ihr noch mehr Gefühl habt und Euch auch traut, diese Gefühle auszuleben. Wir Erwachsenen sind oft schon zu abgestumpft und zu vorsichtig. Man getraut sich nicht mehr, seine Gefühle zu zeigen, weil man Angst hat und aus Erfahrung weiß, daß man einen Menschen, der Gefühle zeigt, mißbrauchen und verführen kann. Junge Menschen sind natürlicherweise zu mehr Hingabe fähig. Deshalb bin ich auch immer der

Überzeugung gewesen, daß junge Menschen gläubiger und frömmer sein können als Erwachsene. Nur sieht dieser Glaube und diese Frömmigkeit anders aus, als wir Erwachsenen es uns vorstellen. Ich bin auch noch aus einem anderen Grund davon überzeugt, daß Jugendliche einen lebendigeren Glauben haben können, der ja viel mit Hingabe zu tun hat. Sie sind auch verliebter, mit Leib und Seele verliebt, ob das nun ein Mensch ist oder Gott.

Wenn das einer nicht glauben will, muß er sich nur in das Konzert eines großen Stars oder einer berühmten Band begeben und die Begeisterung junger Fans mit dem Applaus älterer Menschen vergleichen. Was natürlich nicht heißt, daß es nicht auch Menschen gibt, die sich Hingabe und Begeisterung bis ins hohe Alter bewahren. Aber selbst da ist es nicht ein Zeichen des reifen Alters, sondern für sich bewahrter Jugend.

Wenn ich jetzt so bestimmt vom Herzen gesprochen habe, dann deshalb, weil ich überzeugt bin, daß der Glaube eine Sache des ganzen Menschen ist. Allerdings könnte man sagen: Dann ist es auch der Unglaube. Richtig. Aber nicht in gleicher Weise. Viel Unglaube kommt auch aus der bloßen Welt der Gedanken, eben jener Gedanken, die wir uns für Gott oder an Gottes Statt machen. Wir meinen: Gott müsse so und so sein. Und wenn Er nicht so ist, dann schließen wir daraus, Er sei z. B. nicht gerecht oder, im krassesten Fall: es gibt Ihn gar nicht. Denn wenn Er nicht so funktioniert, wie ich es will, dann kann es ihn nicht geben.

Der Schluß leuchtet mir zwar überhaupt nicht ein, aber er wird oft und oft gezogen. Das ist, konsequent gesehen, kein Zweifel an der Existenz Gottes, es ist vielmehr ein Scheitern meiner Projektionen. Ich habe mir von Gott ein Bild entworfen, da es aber meinem fotografischen Menschenauge nicht entspricht, drehe ich den Apparat einfach ab. Und mit dem fehlenden Licht ist auch kein Bild mehr sichtbar, höchstens der Schatten des Apparats an der Wand. Und weil ich den Apparat bediene, gibt es auch nichts mehr zu projizieren. Mein Hirn macht also Gott, und wenn mir meine Vernunft sagt, es ist nicht vernünftig, an meine Projektionen zu glauben, dann ist da auch nichts mehr. Ich glaube nun, daß das, was uns die Vernunft sagt, gar nicht so vernünftig ist. Obwohl man jetzt wieder streiten könnte, ob die Vernunft auch Unvernünftiges annehmen kann oder annimmt.

Ich bin jetzt wieder im Zweifel, Oliver, ob dieser Beweis oder diese Annahme Dich interessiert? Aber ich nehme doch an, daß es für Dich nicht ganz unwichtig ist, daß Du weißt, daß es schon auch der Vernunft entspricht, wenn sie uns sagt: Es gibt einen Gott. Auch dann, wenn ich mir ein paar menschliche Gründe dafür gesucht habe, daß es ihn nicht gibt. An Gott denken ist deshalb schon vernünftig, weil ich an ihn glauben kann. Ich getraue mich hier zu erklären: Alles, was ich wirklich glauben, *er*-glauben kann, widerspricht nicht der Vernunft. Allerdings muß ich auch so ehrlich sein und sagen: Der Glaube zwingt uns nicht, vernunftgemäß anzunehmen, es müsse

einen Gott geben. Dazu braucht es immer noch einen Schuß Glauben.
Deshalb sagen wir im Glaubensbekenntnis: Ich glaube an Gott. Und nicht nur: Ich bin mir der Existenz Gottes vernunftmäßig gewiß.
Lieber Oliver, weil ich aber weiß, daß Gott eine Sache des Herzens ist, ist mir für die Zukunft nicht bange, auch wenn es nicht immer den Menschen geben wird, der an Gott glaubt. Denn dieser Gott ist Liebe, und es werden immer junge Menschen die Liebe suchen, auch wenn es manchmal noch so schwer ist, sie zu finden. Vor allem deshalb auch, weil es in dieser Welt soviel vom Gegenteil gibt, vom Krieg, vom Haß, vom Neid, von der Feindschaft, und man sich schon fragen kann: Weshalb tut sich Gott das an? Aber ich glaube, das wird immer ein Geheimnis bleiben, von unserer Gedankenwelt aus nie zu durchleuchten.
Ich habe mich immer mit einem Wort des bekannten und von mir sehr geschätzten französischen Jesuitenpaters Teilhard de Chardin getröstet. Du weißt, das ist der, der durch seine Gedanken die Evolutionstheorie christlich getauft hat. Er hat also gesagt. Das Problem des Übels, d. h. die Frage, wie man unsere Leiden, auch wenn sie nur körperlich sind, mit der Güte und Macht des Schöpfers vereinen könne, wird für den Verstand und das Herz immer eines der verwirrenden Geheimnisse des Weltalls bleiben.

Brief 3

an Brigitte, die mir geschrieben hat, sie bete zu Gott, daß Gott ihr helfen möge, wieder zu einem besseren Verhältnis zu ihren Eltern, vor allem zu ihrer Mutter, zu kommen. Titel:

Ich bin doch kein Kind mehr

Liebe Brigitte, Du bittest mich, mit Deinen Eltern zu reden, weil Du meinst, ich würde sie besser kennen als Du.

Ich weiß gar nicht, ob das wirklich so stimmt. Auf der anderen Seite freue ich mich darüber, daß Du mir das Vertrauen schenkst, ich könnte zwischen Mama und Papa und Dir vermitteln. Und ich möchte es auch tun. Und zwar in diesem Brief, in dem ich niederschreiben möchte, was ich mir zum ganzen Problem denke. Ich bitte Dich aber, es nicht als Belehrung aufzufassen. Es geht mir um eine Antwort für mich selbst. Für Erziehungsanleitungen fehlt mir die Praxis. Und vom Kindsein und Jugendlichersein bin ich auch schon ein wenig weg. Aber Du kannst mir glauben, ernst nehmen tu' ich es schon, auch wenn ich das Problem nur von der Außenseite her betrachten kann. Aber Du weißt ja, auch als »Insider« kann man durchaus ein Problem nicht mehr richtig sehen; die Soziologen nennen dieses Phänomen Betriebsblindheit. Es ist jene Eigenschaft in uns, die uns interne Angelegenheiten nur durch die eigene Brille sehen läßt, und mit einer objektiven Sichtweite hat das nicht mehr viel zu tun. Aber gerade

auf den Standpunkt dieser Sicht möchte ich mich stellen.
An Deinem Brief hat mich sehr gefreut, daß Du schreibst, daß du ja gerne anerkennst, was sie alles für Dich getan haben, und daß es auch gut war. Aber Du siehst heute nicht nur das. Du siehst auch ihre Fehler. Ich weiß, ich kann mich noch an meine Kindheit erinnern und daran, wie weh es tun kann, wenn man darauf kommt, daß die Eltern auch Unterschiede machen zwischen dem, was sie sagen, und dem, was sie tun und wie sie es tun. Thomas – Du kennst ihn – hat mir gerade letztes Mal gesagt, wie blöd er es findet, daß sein Papa ihn am Sonntag in die Kirche zum Ministrieren schicken will und dabei selbst noch im Bett liegt. Thomas ist zwar erst zwölf, aber es scheint, daß schon mit diesem Alter Ihr jungen Menschen so weit seid, zu sehen, wie sehr bei uns Erwachsenen das Sagen und Tun oder das Wollen und Tun auseinanderfallen. Und dazu kommt noch, daß man in Eurem Alter auch noch einen kritischeren Geist hat. Da fällt einem ganz besonders auf, was an den Erwachsenen nicht stimmt. Ich glaube, dieser kritische Geist ist etwas Gutes. Überhaupt dann, wenn er was dabei hilft, es selber in Zukunft besser zu machen. Und ich habe auch nur ganz wenige Jugendliche entdeckt, die es nicht besser machen wollten. Daher tut es dann besonders weh, wenn man jeden Tag, besonders mütterlicherseits, Korrekturen anhören muß. Ich habe mich selbst schon gefragt, wieso Mütter so sehr an die Schwerhörigkeit ihrer Kinder glauben, daß sie alles, von dem sie glauben, daß es für uns

das beste ist, so oft und so laut und deutlich wiederholen müssen. Oft stimmt es ja auch, aber die ständige Wiederholung bringt uns dann so weit, daß wir gar nicht mehr hinhören.
(Es ist lustig, daß ich mich jetzt mit Dir und Euch jungen Menschen gleichstelle. Aber wahrscheinlich bleibt man irgendwie immer ein Kind und jemand, den Wohlmeinende korrigieren wollen. Außerdem sind wir Priester und natürlich auch alle Getauften Kinder der »Mutter« Kirche, und auch sie lehrt nach der Methode »irdischer« Mütter, obwohl sie auch einen »himmlischen« Lehrauftrag hat.)
Und es kommt noch etwas dazu, was unsere Unsicherheit erhöht. Wenn wir ganz ehrlich sind, und die Jungen wollen es auch sein, dann wissen wir, daß wir doch nicht ganz genau sehen und wissen, wie es mit unserem Leben, mit unserem Lebensweg weitergehen soll oder wird. Wir kennen uns ja auch im Leben nicht ganz so gut aus wie die abgebrühten Erwachsenen. Und wenn man uns dann in unser vorsichtiges Vorantasten hinein Anweisungen für richtiges Gehen gibt, sind wir mit Recht noch mehr verunsichert. Denn selbst dann, wenn wir den vorgegebenen Weg einschlagen, kann es sein, daß er voller Schlaglöcher ist und die Gefahr einer Verstauchung sehr groß. Und das deshalb, weil man uns entweder zu große Stiefel mit- oder einen falschen Weg angegeben hat. Im einen Fall bekommt man Blasen, die so weh tun, daß man nicht mehr gehen kann, im anderen Fall geht man in die Irre, und es ist möglich, daß man sehr lange oder zu lange braucht, bis

man wenigstens halbwegs an sein Ziel kommt. Und wenn's einem weh tut oder man sich in einer Gegend des Lebens nicht gut oder gar nicht mehr auskennt, dann kann es passieren, daß man entweder aggressiv wird oder mutlos. Keins von beidem bringt uns weiter. Aber wenigstens helfen uns die Auseinandersetzungen, reifer zu werden. Es mag zwar schmerzen, phasenweise mit den Eltern nicht gut auszukommen, aber ganz sinnlos ist der Konflikt auch nicht. Ich glaube sogar, daß er zu unserem Reifungsprozeß dazugehört. Nur braucht es in dieser Phase Geduld. Und die haben wir leider oft noch nicht und die Eltern nicht mehr. Ich vergleiche die Situation immer mit dem Reifungsprozeß eines feinen Champagners: Wenn man den mitten im Gären früge (welch schönes Wort), was er von sich hält, er gäbe wohl eine negative Antwort. Würde sich höchstens als sauren Most einstufen. Wenn er aber fertiggegoren hat, ist er ein kostbares Getränk, man kann ihn teuer verkaufen, und, das sollte man auch nicht außer acht lassen, er dient vielen Menschen zur Freude. Aufgrund dieser Erkenntnis bin ich einer von denen, die meinen, man soll nicht zu sehr, am besten überhaupt nicht, in den Gärungsprozeß eingreifen. Ich fühle und weiß mich da im Einklang mit großen Denkern; entweder Lao-tse oder Kung-fu-tse, einer dieser beiden, oder vielleicht sogar beide, haben über diesen Reifungsprozeß gesagt: »Ich greife nicht ein, ich lasse es wachsen.«
Ich bin mir aber bewußt, daß es dazu auch andere Meinungen gibt. Ich halte mich aber aus dem Streit heraus. Nicht aus Feigheit, sondern aus dem

Wissen, daß Jesus von Nazareth gesagt hat: »An ihren Früchten sollt ihr sie erkennen.« Und ich glaube, es könnten aus beiden Methoden gute Früchte kommen. Obwohl ich mehr zu der neige, bei der man glaubt, daß dann, wenn man im Frühstadium für gute Gärbedingungen gesorgt hat, aus dem Champagner tatsächlich etwas Gutes wird. Du wirst mich nun fragen, wann ich denn glaube, daß dieses »Frühstadium« abgeschlossen sei. Ich sage Dir, für mich dauert es höchstens sieben Jahre. Dann können sich alle jene Eigenschaften des Champagners entwickeln, die ihm zugrunde gelegt sind. Zwar könen auch dann noch Probleme auftauchen, aber die verzögern nur die Reifung. Verderblich ist es nur, wenn man das Faß zerstört, dann zerrinnt alles, und dieses Produkt von soviel Sorge, Intelligenz und Fleiß hat keine Chance für die Zukunft. Aber solange er im Gebinde ist, gibt es keinen Anlaß, die Hoffnung aufzugeben. Und es ist letztlich nicht wichtig, wann der Champagner reif ist, sondern daß er es wird. Dazu kommt noch, daß im Rahmen des Reifungsprozesses der Champagner bestimmte Erkenntnisse hat, und er kann auch schon an sich selbst glauben. Von außen her ist das aber nicht sehr sichtbar. Im Leben spielt sich das dann so ab: daß man als Kind, als Jugendlicher meint, man wisse schon, was man zu tun habe, oder auch, daß man eine bestimmte Verantwortung übernehmen könne. Aber unsere Umgebung, Eltern und Lehrer, haben eine eigene Vorstellung darüber, wie wir zu handeln, wie wir zu leben hätten. Unser Wissen und die Vorstellungen anderer gehen auseinander, und das Leben und Dein Brief beweisen es. Aus diesen Unterschieden ergeben sich Spannungen, die ich auch wieder für nicht so tragisch halte. Aber ich muß Dich da bitten, mit uns Erwachsenen Geduld zu haben. Geduld genügt. Toleranz will ich gar keine verlangen, die bringt man dann auf, wenn man Einsicht in die Kompliziertheit des Lebens hat. Das ist nun mal ein längerer Prozeß, bisweilen ein lebenslanger. Weil es da noch ein vielverbreitetes Hindernis gibt. Es ergeben sich nämlich nicht nur manche Spannungen, weil man uns zu lange für unmündige Kinder hält, sondern auch, weil man uns gerade deshalb möglichst lange in Besitz haben will.

Da kann es passieren, daß ein Mädchen oder ein Bub schon lange eine Dame oder ein Herr sind, die Mutter oder der Vater aber meinen, sie hätten da ein erziehungswertes Kind, womöglich sogar ein Kleinkind vor sich. Auf dieses meldet man sogar Besitzansprüche an. Du kennst ja den Spruch: »Solange du die Füße unter meinen Tisch streckst, hast du zu tun, was ich sage!« Hinter einem solchen Befehl steckt zugleich immer auch ein Besitzdenken: Solange das Kind daheim ist, gehört es mir, und es hat daher absolut zu gehorchen.

Solches Denken macht die Verbindung von Eltern und Kindern im Grunde genommen zu einer unpersönlichen. Das Kind wird zum Besitztum versachlicht. Kahlil Gibran, ein großer Philosoph aus dem Libanon, hat einmal in seinem Büchlein »Der Prophet« über dieses Verhältnis geschrieben: »Eure Kinder sind nicht eure Kinder, sie wohnen

im Haus von morgen.« Was er sagt, ist bestes christliches Gedankengut.
Wir können Menschen, ja wir dürfen Menschen niemals besitzen. Wenn man nämlich etwas besitzt, dann ist es auch verfügbar. Nun sind aber Kinder ein Geschenk, ein Geschenk Gottes. Wir haben sie geschenkt bekommen, um ihnen zu ermöglichen, in einem Bereich aufzuwachsen, wo sie sich entfalten können und nicht den Eindruck haben müssen, sie seien bessere Sklaven. Ich glaube, gerade in dieser Hinsicht gibt es noch viel zu tun. Ich hoffe auch, daß Ihr es sein werdet, unsere Jugend, die das später noch besser einsehen können: daß ein Kind ein Geschenk ist, ein Geschenk zur Freiheit und zur freien Entfaltung seiner Fähigkeiten geboren. Geboren nicht nur aus der Mutter, sondern auch aus dem Vater im Himmel, der ein Gott der Freiheit und der Befreiten ist. Denn wenn Ihr das einsehen könnt, werdet Ihr mit Euren Kindern besser umgehen, als wir es zum Teil noch getan haben. Ihr werdet dann auch einsehen, daß sich auch am Sinn des Elternseins viel geändert hat, und Ihr könnt dann bestimmt die Eltern vor Euch besser verstehen.
Denn früher war es so, daß man sagen konnte: Eltern sind gute Eltern, wenn es ihnen gelingt, ihre Kinder vor dem Bösen zu bewahren. Das hat sich heute geändert. Mir kommt vor: Gute Eltern sind die, denen es gelingt, ihre Kinder so zu erziehen, daß sie in dieser schwierigen und komplizierten Welt nicht untergehen.
Diese Änderung des Zieles der Erziehung stellt an die Eltern große Anforderungen. Und in manchen

Fällen sind Eltern damit tatsächlich überfordert. Eine solche Erziehung setzt nämlich voraus, daß man viel miteinander redet. Und manche Eltern haben es nicht gelernt, über alle Dinge des Lebens unbeschwert mit Euch reden zu können. Und so ergeben sich eben Situationen, wo man entweder aneinander vorbeiredet oder gar nicht redet. Manches Mal allerdings gibt es auch Gebrüll.

Ein Schüler, er war in Deinem Alter, fünfzehn, hat einmal zu mir gesagt: »Immer dann, wenn mein Papa mit mir oder mit meinen Ansichten nicht einverstanden ist, brüllt er. Glaubt er vielleicht, ich bin der Präsident der Gehörlosenvereinigung?«

Ich glaube, das kommt weniger davon, vielmehr ist es so, daß so mancher von uns Erwachsenen, wenn er merkt, daß seine Argumente auf schwachen Beinen stehen, brüllt und meint, sie kämen dann auf stärkeren daher. Sie tun es nicht. Im Gegenteil!

Manchmal ist es verständlich. Wenn wir uns einer Sache nicht ganz sicher sind, flüchten wir Menschen uns gerne in Ausflüchte der Lautstärke. Das ist nicht nur bei Erwachsenen so. Auch viele Jugendliche, wenn sie unsicher sind, flüchten gerne in den Bereich des Lärms. Da fühlt man sich irgendwie geborgener, und außerdem hat man eine Entschuldigung dafür, daß man nicht reden, sich nicht ausreden oder verständigen will.

Ich weiß, du wirst hier nicht meiner Ansicht sein. Ich habe die Diskos auch in Verdacht, daß sie im Grunde genommen Fluchtburgen sind. Ich muß da nicht mehr reden, muß überhaupt nicht kommunikativ sein, ich lege einen Lärmpanzer um mich herum und bewege mich in meiner Welt. Wobei ich sogar bereit wäre, dafür eine Entschuldigung gelten zu lassen, die da lautet: Ich kann es nicht mehr aushalten in meiner Umgebung. Ich muß heraus und alles vergessen. Und ich will nichts mehr hören, womöglich auch nichts mehr sehen.

Deshalb ist es wohl auch in den Diskos meistens dunkel.

Nun weiß ich aber nicht, ob der Lärmpanzer eine Lösung ist, wenn es auch sein könnte, daß die anderen Leute in der Disko mir wenigstens den Eindruck vermitteln, ich sei mit meinen Sorgen nicht allein. Mir kommt aber vor, daß diese Art von Abschalten nur neue Sehnsüchte und Leiden schafft. Es ist dann das berühmte »Saturday night fever«, von dem man befallen wird. Und die 36,8 Grad von diesem Fieber sind gleich besorgniserregend wie die 40 Grad bei der Lungenentzündung, weil es gleich ansteckend ist, wie eine schwere Grippe. Man nimmt als Medizin eine Arznei, die nur wieder zu neuen Grippen und Krisen führt.

Ich weiß, das ist ein Kapitel, mit dem sich nur ganz wenige befassen wollen, aber mir scheint, es ist wichtig, darüber zu reden, bevor wir tatsächlich vor einer großen Zeit der »Gehörlosen« stehen. Jener Gehörlosen, die darunter leiden, daß sie sehr früh nichts mehr hören. Und jener, die gerne gehörlos sind, weil sie nichts mehr hören wollen. Sie hören nur noch sich selbst. Und das ist für eine Welt, in der der Wille zur Gemeinschaft wachsen soll, sehr schlimm.

Ich glaube nämlich auch, daß solche Menschen sich schwertun, in Gemeinschaften zu leben oder gemeinschaftlich zusammenzuarbeiten.
Wobei man aber so ehrlich sein muß, nicht immer die Schuld bei den Menschen zu suchen, die sich abkapseln, sondern bei ihrer Umgebung, die sie zwingt, sich in die Räume der Geräusche und des Lärms zu flüchten.
Dabei wäre es so notwendig, daß wir gemeinschaftlich leben. Wenn nämlich die Einsamkeit überall in unser Leben hineinkriecht, dann wird erst alles so richtig traurig. Und was traurig macht, ist gerne auch mit Sinnlosigkeit verbunden. Deshalb gibt es, schon seit es Menschen gibt, die Familie. Und Du wirst mir sicher nicht böse sein, wenn ich die Fortsetzung des Briefes nicht nur Dir widme, sondern auch dem Jürgen, der mir seine Sorgen mit seiner Familie erzählt hat, die in manchen Punkten mit Deinen zusammenfallen.

Brief 4

an Jürgen und Brigitte, die sich beide nach einer guten Familie sehnen. Titel:

Die offene Tür

Jürgen, Dein Brief hat mich erheitert. Schon deswegen möchte ich Dir danken. Erheitert deswegen, weil ich mir ein wenig das Gesicht Deiner Mutter vorgestellt habe, das sie beim Lesen machen würde. Man soll sich zwar kein Bild von Menschen machen, aber bisweilen muß man es sich gar nicht machen, es kommt von selbst.
In dem Brief entwickelst du Dein Idealbild einer Familie. Ich mußte auch ein wenig darüber lachen – nein, nicht über Deine Vorstellung, nein, ich habe gelacht, als ich daran dachte, was Du einmal machen wirst, wenn einer Deiner Söhne oder Töchter sich eine solche Familie wünscht! Die so was sein soll wie eines dieser »Fast-food«-Plastikrestaurants, wo man sich jederzeit wünschen kann, wonach man Appetit hat. Ein gemütliches Übernachtungshotel, in das man zu jeder Nachtzeit zurückkehren kann. Eine Disko, in der bei jedem schlechten Wetter ich mir meine Scheiben geben kann, je nach Lautstärke, oder wo mir eine vielkanalige »Glotze« zur Verfügung steht, mit Videoabteilung, versteht sich!
Nicht schlecht wäre auch die von Dir geschätzte Wäscherei, die die Klamotten, von denen man sich nicht trennen möchte, in Schuß hält. Nicht schlecht auch, wenn die Mutter zugleich Fami-

lienhelferin oder Krankenschwester ist, dann ist auch schon für die Bewältigung der Krankheiten gesorgt.

Und es wäre natürlich toll, wenn die von Dir gewünschte und erwähnte Disko im Keller wäre. Da könnten dann ungestört die Feten steigen. Und was noch dazu kommt: Das Ganze ist ja relativ bis absolut kostenlos.

Jürgen, ich weiß, Du hast das alles nicht ganz so ernst gemeint. Deshalb habe ich es auch nicht so ernst wiederholt. Aber dahinter steckt doch eine Absicht, und irgendwie zeigen sich hier die geheimen Wünsche, die wir haben. Uns würde eine Familie gefallen, in der der »Service-Gedanke« vorherrscht!

Und ich glaube auch, daß es nicht wenige Jugendliche gibt, die von einer »Service-Familie« träumen. Aber der Traum wird wahrscheinlich immer ein Traum bleiben. Denn man darf eines nicht vergessen: Zum Service braucht es immer die dementsprechenden Menschen – außer man zieht ein »Selbst-Service« auf. Die Erfahrung aber zeigt, daß viele beim »Self-Service« entweder sich nicht auskennen oder sich unwohl fühlen, weil es für alles nur noch eine Maschine gibt.

Du kannst Dir das ja selbst ausmalen, wie gemütlich das sein wird, wenn Du einmal krank und traurig im Bett liegst und es kommt aus der Wand überm Bett eine Plastikhand, streicht über Deine heiße, schweißbedeckte Stirn und eine Automatenstimme flüstert Dir zu: »Poor boy, take it easy!«

Aber Spaß beiseite: So einfach ist es tatsächlich

nicht, das mit der guten Familie. Und nicht umsonst wollen viele wieder einen Ort, eine Gemeinschaft haben, in der sie sich wirklich wohl fühlen. Herbert, ein Student in Wien, hat das sehr gut formuliert, als er meinte: »Es tut so wohl, wenn man in einer offenen, gastfreundschaftlichen Familie heranwachsen kann. Ich bin so froh um meine Eltern. Oft schon habe ich erlebt, daß ich heimkam und Freunde bereits auf mich warteten. Sie wurden von meinen Eltern nicht weggeschickt. Nein, sie redeten miteinander, und es hat auch immer etwas zum Essen gegeben.«
Jürgen, ich glaube, das, was dieser Student mir erzählt hat, hätte auch Dir gefallen. Deshalb möchte ich Dir noch mehr über dieses Gespräch berichten.
Ich finde es toll, wenn es Familien gibt, die so offen sind wie die vom Herbert. Familien, die auch Platz haben für Freunde und Freundinnen, wo sich daher Buben und Mädchen ungezwungen treffen können. Durch diese Offenheit wird der Bereich der Familie positiv gesprengt, und die Kinder lernen automatisch die Eingliederung in größere Zusammenhänge. Eine gute Familie ist etwas Wunderbares, aber perfekt ist sie dann, wenn sie auch noch Kontakte zu Nicht-Familienmitgliedern ermöglicht. Es gibt den Bereich der Kameraden, und wenn man für diesen Bereich offen ist, kann die Familie dadurch nur gewinnen, weil vor allem bei den Kindern der Eindruck entsteht: Meine Eltern schirmen mich nicht von allem ab und wollen mich nur besitzen. Nein, sie gönnen mir Freunde und helfen mir damit, das

Leben, vor allem auf der schönen Seite, noch besser kennenzulernen.«

Anderseits ist man, wenn so freizügige Eltern da sind, mit Recht stolz auf sie und wird selbstverständlich auch immer wieder die Geborgenheit im engeren Familienkreis suchen und sich dort wohl fühlen.

Ich habe auch entdeckt, daß solche Eltern wissen, daß sie dabei selbst wieder etwas lernen. Wenn man Freunde der Kinder beherbergt, lernt man sie besser kennen – und damit auch die Methoden der Erziehung der anderen Eltern. Man lernt sicher dazu, bewußt oder unbewußt. Und zugleich hilft es den Eltern, zu verhindern, daß sie in Methoden erstarren, von denen sie meinen, es seien die einzig wahren, was aber beileibe nicht der Fall ist.

Ich habe weiters entdeckt, daß so offene Eltern tatsächlich andere Maßstäbe an die Erziehung der Kinder anlegen. Vertrauen und Verständnis sind ihnen wichtigere Begriffe als Pflicht und Gehorsam. Sie helfen damit ihren Kindern, eigenständig zu reifen, so daß sie schon von den Möglichkeiten her, die ihnen die Eltern bieten, reiche Menschen sind. Vielleicht haben diese Eltern ihren Kindern nicht soviel Geld mitzugeben. Was sie ihnen aber schenken, ist ein reicher Schatz. Nämlich der, die Welt im Lichte des Vertrauens zu sehen.

Es ist überhaupt gut, wenn die Erziehung auf der Basis des Vertrauens aufbaut und nicht der Angst. Es wird solchen Eltern niemals passieren, was in einer tiefsinnigen Geschichte erzählt wird: Ein

Huhn hat neben Hühner- auch Enteneier ausgebrütet. Als nun die Kleinen ausgeschlüpft sind, watscheln die kleinen Entlein zum nahen Bach und schwimmen darin. Das Huhn, nicht wissend, daß es Enten ausgebrütet hat, schreit verzweifelt nach ihnen.

Lieber Jürgen, Du wirst in Deinem Leben noch oft erleben, daß jemand aus Angst schreit, weil er die, um die er schreit, nicht kennt und ihnen daher nicht vertraut. Du wirst aber auch, so hoffe ich, immer häufiger Menschen begegnen, die so wie die Entlein schwimmen können und auch weiterschwimmen, nicht um die Mutter zu Tode zu ängstigen, sondern um ihr zur Einsicht zu verhelfen, darauf zu vertrauen, daß sie Kindern das Leben geschenkt hat, die gelernt haben – und das im wahrsten Sinn des Wortes –, sich über Wasser zu halten.

Eine gute Familie sorgt also dafür, daß es viele gute Schwimmer auf den manchmal hohen Wogen des Lebens gibt. Und sie kann das, weil sie eine Gemeinschaft ist, die darauf angelegt ist, die Entwicklung des Menschen zu fördern, die Menschen für das Leben tüchtig zu machen, schon allein durch das gute Beispiel der Eltern.

Die beste Erziehungsmethode ist und bleibt das gute Beispiel der Eltern. Dabei ist es nicht schlecht, so kommt mir vor, wenn auch der wirtschaftliche Aspekt nicht außer acht gelassen wird. Unfreiwillige Armut kann eine Familie in ihrer Entwicklung schwer behindern. Deshalb ist es gut, wenn es auch in der Familie einen wirtschaftlichen Zusammenhalt gibt. Die drei Bereiche der

Familie: die Lebensgemeinschaft, die Erziehungsgemeinschaft und die Wirtschaftsgemeinschaft, helfen einem Kinde, hineinzuwachsen in ein erfülltes Leben.
Ich selbst bin oft sehr froh, wenn ich sehe, wie aus Familien, in der die drei Bereiche funktioniert haben, Menschen herauswachsen, die sich für andere Menschen sehr engagieren, auch in der Politik, auch in der Kirche. Solche Politiker machen eine besonders gute Politik, eine menschen- und vor allem auch kinderfreundliche Politik.
Dasselbe kann man auch in der Kirche beobachten. Priester und ihre Mitarbeiter, die aus guten Familien kommen, sehen die Kirche und das Volk Gottes aus dem Blickwinkel einer Familie, in der es nur gleichwertige Kinder gibt. Und sie wissen auch, daß die ganze Menschheit eine große Familie ist, für die sorgen muß, wer die Mittel und Möglichkeiten dazu hat. Einem solchen Menschen fällt es nicht allzu schwer, daran zu glauben, daß wir einem Vater vertrauen können, der uns alle geschaffen hat, der uns alle liebt und der möchte, daß aus uns etwas wird.
Menschen aus guten Familien können also leichter an Gott glauben, der unser aller Vater ist, und sie können sich auch leichter in einer Gemeinschaft engagieren, von der man sagt, sie sei unsere Mutter. Die Kinder aus einer guten Familie haben auch gelernt, mit der Mutter Geduld zu haben, weil sie entdeckt haben, daß auch sie nur ein Mensch ist – ein Mensch mit vielen guten Absichten, ein Mensch, der bereit ist, für uns alles zu tun, der aber auch manchmal an der Schwäche, an

der eigenen Schwäche verzeifelt, weil sie nicht allen Anforderungen entsprechen kann, die an sie herangetragen werden. Reife Christen sind also wie reife, selbständige Kinder, die um die Schwächen der Mutter wissen, sie aber trotzdem lieben. Das ist ebenso, wie wenn ein guter Vater zu seiner Frau hält, auch dann, wenn sie ein paar Falten bekommen hat, und nicht seine 50jährige Gattin gegen zwei 25jährige austauscht. Wahre Kinderliebe, wahre Gattenliebe ist eine treue Liebe, eine Liebe, die nicht ist wie die Liebe des Blumenfreundes, der sich zum Motto gemacht hat: Wenn die Rose verblüht, hat der Mann zu verduften.

Lieber Jürgen, ich weiß, einiges von dem, was ich hier jetzt geschrieben habe, ist die Beschreibung von Idealzuständen. Sie kommen nicht sehr häufig vor. Trotzdem sind sie aber nicht unwahr. Und wir sollten uns daher nicht vor den Problemen drücken, die »familiär« bestehen. Wir belügen, wenn wir so tun, uns selbst. Es ist nun einmal Faktum, daß fast ein Drittel aller Ehen geschieden werden. Und es sind in vielen Fällen nicht nur Mann und Frau, die sich trennen, es sind auch die Kinder. Es ist ja eine Familie erst eine Familie, wenn Kinder da sind. Und wir wissen, daß die Trennung vielen Kindern sehr weh tut. Es ist nicht falsch, wenn ich behaupte: Die wahren Leidtragenden sind die Kinder, vor allem die kleinen Kinder. Sie sind verunsichert, wenn sich die Eltern trennen. Es kann die Trennung einer Frau, einem Mann weh tun, immer weh tut sie einem Kind, das damit die Geborgenheit des Elternhauses verliert. Ich glaube daher, daß die Scheidungen und

Trennungen viel Unglück bringen – für die Kinder und damit auch für die Zukunft unseres Volkes. Wir müssen uns in Zukunft sicher etwas einfallen lassen, um dieses Unglück zu vermindern. Ich will da nicht unbedingt Ratschläge erteilen, weil ich dann in die Gefahr gerate, über Probleme zu reden, die nicht die meinen und auch noch nicht die Deinen, lieber Jürgen, sind. Aber ich glaube, darüber reden muß man schon, zwar ratschlaglos, aber nicht ratlos.

Es gibt ja auch andere Menschen, nicht nur Priester, die sich über die Scheidungen Gedanken machen. Fachleute zum Beispiel, die meinen, die Familie müsse eine andere Form haben. Mann und Frau allein sei einfach zu schwierig, sie schlagen daher Großfamilien vor. Es gibt auch Versuche dazu, und ich möchte sie gar nicht negativ beurteilen, im Gegenteil. Aber leicht sind solche Versuche nicht zu leben. Mir kommt vor, es stellt die Großfamilie noch mehr Anforderungen an die Menschen als die »gewöhnliche« Familie. Sie hat sicher auch ihre Vorteile, etwa wenn man nur eine Waschmaschine für mehrere Familien anschaffen muß, eine Trockenmaschine, einen Geschirrspüler usw. und sie gemeinschaftlich nutzt. Auch ist es sicher gut, wenn diese Gemeinschaften einen eigenen Kindergarten haben. Die Mütter haben dann mehr Möglichkeiten für eine Berufstätigkeit oder auch eine Weiterbildung.

Neben diesen Großfamilien hat es auch noch andere Modelle gegeben: Es gab keine festen Ehepaare mehr, so etwas wie elterliche Treue gab es nicht mehr, die Kinder kannten ihren Vater kaum oder gar nicht, sie hatten einfach mehrere Väter und mehrere Mütter. Es gab kaum noch Liebeszuwendung, aber auch keinen Liebesentzug, weil man dachte, man würde die Kinder dadurch falsch erziehen, ja sogar manipulieren oder abhängig machen. Wie ich sehe, sind diese Formen eher gescheitert, die Kinder aus solchen Kommunen sehnen sich – genauso oder noch mehr – nach einem Menschen, der sie liebt, wobei die Betonung auf »einem« liegt.

Dann gibt es neben dem Modell der »nicht festen Verbindungen« und der Großfamilie auch noch ein drittes, das in der ganzen Welt unter der Bezeichnung »Kibbuz« bekanntgeworden ist, jene Form eines Kollektivs, wie sie besonders in Israel praktiziert worden ist. In einer solchen Kommune gehört allen alles, es gibt kein Privateigentum. Dadurch bleibt die Gemeinschaft ganz für sich. Es gibt nur eine Kasse, und wenn ich ins Kino gehen will, muß ich um das Geld für die Karte ansuchen. Man ißt aus einer Schüssel oder aus austauschbaren Tellern. Wenn einer einen eigenen Teller hätte, könnten daraus schon wieder Besitzansprüche erwachsen, meint man. Die Kinder sind vom frühesten Alter an in eigenen Kindergärten und nur wenig bei den Müttern.

Wie ich es sehe, hat sich an der Einstellung der Kibbuzbewohner einiges geändert. Weil manche der Kinder und Jugendlichen Sehnsucht nach Abwanderung entwickelten, dachte man, es wäre gut gewesen, wenn die Kinder länger bei ihren Müttern geblieben wären, damit sie mehr von der Geborgenheit erfahren hätten, die nur die Mutter einem geben kann. Auch wird ein Kind, das bei der Mutter oder bei einem Elternpaar aufwächst, mehr Vertrauen entwickeln, das es braucht, um wenigstens halbwegs glücklich leben zu können. Wenn man alle diese Dinge bedenkt, dann kommt die Familie, so wie sie im Christentum gedacht ist, nicht so schlecht weg. Denn bei uns ist die Familie dadurch, daß die Ehe ein Sakrament ist, also etwas, das Jesus will und das von ihm besonders gesegnet ist, etwas ganz Wichtiges. Man kann sagen, die Familie ist eine Kirche im kleinen.

Es gibt nämlich die Zusicherung Jesu, daß er überall dort ist, wo zwei oder drei in seinem Namen versammelt sind. Wenn also in dieser Kirche im kleinen die Eltern ihre Familie unter den Schutz und den Segen Jesu und seines Vaters stellen, dann ist Er bei ihnen. Und das nicht nur dann, wenn sie miteinander beten oder miteinander in die Kirche gehen. Wenn eine Familie versucht, gut zusammenzuleben, dann tut sie damit das, was Jesus will, und Er wiederum wollte nur das, was der Wille des Vaters war.

So schließt sich der Kreis. Eine gute Familie hat ihren Grund in Gottes Willen. Auch dann, wenn es Konflikte gibt, auch dann, wenn es manchmal so aussieht, als ob das Verständnis fehle, das Verständnis der Eltern zu Euch Kindern. Oder wenn die Eltern meinen, die Kinder täten alles, um ihnen Kummer und Sorgen zu machen, und das absichtlich! Die Familie steht immer unter dem Schutz und Segen des Vaters, der ja weiß, daß es uns an Geduld und Verständnis mangelt und das in den meisten Fällen nicht aus Bosheit geschieht:

Es geschieht, weil wir Menschen sind, Menschen, die Fehler haben und daher froh sind, zu wissen, da ist einer, der uns von vornherein diese Schwäche verzeiht.

In dieser Hinsicht sieht man auch, wie wichtig es ist, daß wir daran glauben können, daß Gott ein verzeihender Vater ist, einer, der uns liebt, und zu dem wir daher Vertrauen haben können. Viele Menschen leiden nämlich darunter, daß sie einen strengen, einen strafenden Vater in der Familie erfahren haben, und dann glauben, Gott müsse, weil Er Vater ist, auch so sein. Zum Glück wissen wir, daß Er anders ist. Er ist nicht wie ein Verkehrspolizist, der aufpassen muß, daß wir ja nie falsch parken, zu schnell oder bei Rot über die Kreuzung fahren, und uns sofort ins Büchlein schreibt, wenn Er bei uns einen Fehler entdeckt.

Dieser falsche Vaterbegriff ist ja die verborgene Ursache dafür, daß viele Menschen Gott anders sehen wollen. Es gibt heute eine Richtung, die sagt: Gott ist auch eine Frau. Du hast ja sicher schon etwas darüber gehört. Man nennt das feministische Theologie. Sie vertritt die Ansicht, zum Teil sicher zu Recht, es seien an Gott zu viele männliche Züge, es müsse auch das Frauliche betont werden. Aber sicher ist Gott auch wie eine Mutter, mehr noch. Schon beim Propheten Jesaja, also schon vor mehr als 2 500 Jahren, steht der Satz: Wenn auch eine Mutter ihres Kindes vergessen würde, ich vergesse dich nicht.

In einem solchen Satz, der von einem Mann geschrieben worden ist, leuchtet deutlich heraus, daß man sich Gott auch mit fraulichen Eigenschaften

denken kann. Dazu kommt ja noch, daß unser Glaube aus einer Tradition kommt, in der das Männliche tatsächlich betonter war als das Frauliche. Bei den Beduinen im Vorderen Orient kann man heute noch sehen, daß der Mann eine wichtigere Position in der Gesellschaft einnimmt als die Frau. Die Kirche scheint zu einem Teil diese Tradition übernommen zu haben, und es muß nicht lange bewiesen werden, daß es so ist. In der Leitung der katholischen Kirche haben die Männer bis jetzt immer die führenden Positionen innegehabt. Es ist daher nicht verwunderlich, daß in unserer Zeit, da die Frauen auch in der Kirche bezüglich ihrer Rechte Fortschritte gemacht haben, sie auch eine wichtigere Rolle spielen wollen. Theoretisch ist das sicher möglich. Wir sehen ja, daß es z. B. in der evangelischen Kirche Pastorinnen und Vikarinnen gibt. In der katholischen Kirche wird es bei der Umsetzung in die Praxis noch viele Schwierigkeiten geben, weil bei uns die Tradition viel älter und stärker ist.
Das ist so wie bei einem anderen Problem, dem des Zölibats, über den Ihr unter Euch Jungen sicher schon diskutiert habt. Auch die Ehelosigkeit der Priester und Mönche ist vor allem ein Argument, das aus der Tradition kommt. Schon in früher christlicher Zeit haben junge Männer in der Kirche gemeint, daß es gut wäre, Jesus nachzufolgen und, wenn man auf seine baldige Ankunft in der Welt warte, nicht zu heiraten, damit man ganz frei wäre für die Liebe zu Gott, zu Jesus. Man darf dabei nicht vergessen, daß dies zu einer Zeit war, da man wirklich glaubte, Jesus komme bald.

Inzwischen sind für uns Christen 2 000 Jahre vergangen, und es haben sich nicht nur Klöster gebildet, sondern es gibt auch die Seelsorge in den Pfarren und damit auch Männer, die nicht unbedingt nach Klosterregeln Gott dienen wollen, sondern im Dienst an den Menschen unter den Menschen. Und da kann einer diesen Beruf auch gut ausüben, wenn er verheiratet ist. Aber, wie schon gesagt, die Tradition ist bei uns eher »mönchisch«, und weil sie schon alt ist, ist sie nicht so schnell zu ändern, obwohl sie änderbar wäre, denn göttlich ist die Vorschrift des Zölibats nicht.

Um aber noch auf Deine Frage einzugehen, ob ich heiraten würde, möchte ich Dir ehrlich antworten: Nein. Auch wenn ich glaube, daß der Zölibat eine freiwillige Sache sein sollte, bin ich doch der Überzeugung, daß es ihn auch geben sollte, das schon deswegen, weil Jesus ihn empfohlen hat. Er hat ihn nicht zwingend für seine Nachfolger vorgeschrieben, aber er hat ihn als mögliche Form, die Liebe zu Gott zu leben, empfohlen. Daher glaube ich, daß für den, der es so erkennt, der Zölibat eine sinnvolle und gottgewollte Sache ist und den, der ihn lebt, weder als Mensch noch in der Gesellschaft mindert.

Die Probleme, die manche Priester mit dem Zölibat haben, kommen vielfach daher, weil wir ihn, wenn wir ihn versprechen, in seiner Tragweite nicht ermessen können. Und so kann es dann passieren, daß eines Tages der Wunsch zur Ehe stärker ist als die Kraft zum Zölibat.

Dieses Problem taucht ja auch in der Ehe heute auf. Die vielen Scheidungen lassen den Schluß zu,

daß so manche nicht wissen, was sie sagen, wenn sie versprechen, zusammenzuhalten, bis der Tod sie trennt oder solange sie leben.
Ich möchte Dich daher bitten, nicht zu jenen Menschen zu gehören, die über Priester, die heiraten, oder über Menschen, die sich scheiden lassen, den Stab brechen. Hinter solchen Trennungen stehen zu oft echte Tragödien, lange Kämpfe und schlaflose Nächte:
Es ist nicht leicht, und Du wirst es womöglich selbst einmal in Deiner Nähe oder bei Dir selbst erleben, wie weh es tut, wenn jenes Haus der Treue zusammenbricht, von dem man geglaubt hat, es sei das beständigste und werde für immer halten.
Es sieht für Dich jetzt sicher so aus, als ob ich weit vom Thema abgekommen wäre. Aber ich wollte Dir zeigen, wie die Dinge alle zusammenhängen. Unser Leben ist wie ein Uhrwerk, in dem viele Zahnräder und Kugellager ineinandergreifen. Und wenn man glaubt, eines herausnehmen zu können, muß man erschreckt feststellen, daß man damit ein wohlgefügtes Werk ins Wanken bringt.
Daher ist es eine wichtige Aufgabe im Leben, zu schauen, wie man das Werk des Lebens in Gang halten kann. Eines ist dabei sicher: Allzu brutale, unsachgemäße Eingriffe zerstören das Werk.
Du könntest nun einwenden: Es kann doch sein, daß irgendein Uhrwerk gar nicht mehr wert ist, in Gang gehalten zu werden. Ja, das gibt es. Aber ich glaube, daß unser Glaube, die gute Familie, der hohe Wert der Frau in der Kirche, ja auch die Un-

auflöslichkeit der Ehe und des Zölibats »Uhrwerke Gottes« sind, deren Gang man erhalten muß. Auch dann, wenn es notwendig ist, die Rädchen des Fortganges immer wieder vom Staub der Jahrhunderte zu befreien. Den Staublappen dazu oder die zarten Federn und die rauhe Bürste müssen wir immer wieder in das saubere Wasser unserer Quellen tauchen, damit der Prozeß der Reinigung tatsächlich zur Reinigung führt und nicht zu einer noch schnelleren Verharzung.
Einfacher gesagt: Wir müssen uns fragen, was Jesus wollte. Und wenn wir uns richtig fragen, dann werden wir die Methoden finden, und es kann dann das Uhrwerk der Geschichte zur Freude aller im Zusammenspiel aller Rädchen bis in Ewigkeit funktionieren. Und in diesem Zusammenspiel werden gleichzeitig und gleichwertig sich männliche und frauliche Rädchen drehen, verheiratete und zölibatäre, berufene und freiwillig hinzugekommene.

Brief 5

an Thomas, der wissen will, was christliche Freundschaft ist oder Freundschaft überhaupt. Titel:

Seine Freude in der Freude des Freundes finden ist eine Bedingung für Glück

Lieber Thomas, ich finde es super, daß es Dir gut geht, und vor allem, daß es Dir gut geht, weil Du eine Freundin gefunden hast. Ich finde es aber zugleich für mich ehrenwert, daß Du mir schreibst, ich soll Dir etwas über Freundschaft schreiben und was ich darüber denke. Ich habe allerdings das Gefühl, es könnte ein sehr langer Brief werden, und ich hoffe, Du wirst beim Lesen nicht ganz die Geduld verlieren. Es wird der Brief deshalb lang werden, weil die Freundschaft so viele Seiten und Gesichter hat, und man muß, wenn man darüber reden will, etwas über die Seiten und Gesichter sagen. Obwohl an und für sich die Freundschaft etwas ist, was man nicht sehr beschreiben muß für den, der weiß, was Freundschaft ist, oder den, der Freundschaft übt oder lebt. Und so bin ich auch der Überzeugung, daß Du gerade in Deiner jetzigen Lebensphase keine Erläuterungen für die Freundschaft brauchst, weil du stufenweise erleben kannst, was Freundschaft alles beinhalten kann. Auf der anderen Seite ist es gut, wenn wir miteinander reden, weil es ja nicht nur die Freundschaft mit der Freundin gibt; Freundschaft sollte ja immer eine offene Sache

bleiben. Ich möchte fast sagen: man kann nicht genug Freunde haben, weil es so und so nur ganz wenige gibt.
Thomas, Du hast es vielleicht selbst gelesen, es gibt eine Untersuchung, die besagt, jeder fünfte Österreicher habe keinen Freund. Bei den über 60jährigen ist es fast jeder vierte. Und das ist sehr viel. Denn keinen Freund haben bedeutet viel Einsamkeit, bedeutet viel Traurigkeit. Und im Alter wird es dann noch ärger. Dazu kommt, daß, wenn man älter wird, einem ja immer mehr Leute wegsterben. Und es tut dann jeder Abschied furchtbar weh. So wie Abschiednehmen von einem Freund schon in der Jugend sehr weh tun kann.
Aber wir wollen jetzt nicht gleich am Anfang des Briefes traurigen Gedanken nachhängen. Freundschaft ist etwas, was uns auch hoffnungsvoll nach vorne blicken läßt. Der Blick nach vorn läßt aber gleich ein paar Bedingungen erkennen, unter denen Freundschaft möglich ist. Da muß man als erstes anführen: Freundschaft ist ein Geschenk, und als Christ darf, soll, muß man sagen: Freundschaft ist ein Geschenk von »oben«, dazu eines, das man weder organisieren, noch manipulieren, noch kaufen kann. Das soll man sich immer vor Augen halten.
Vorstufen der Freundschaft lassen sich organisieren. Es beginnt damit, daß man sich für die Gemeinschaft öffnet. Man kann sich in einer Gruppe treffen, in einem Club, in einem Verein oder in einer Clique. Man trifft sich dort, um die freie Zeit mehr oder weniger sinnvoll oder in mehr oder weniger froher Stimmung zu verbringen.

In diesen Kreisen kann man dann schon Menschen finden, die man schätzt. Das sind dann Bekannte, Kameraden. Und es ist möglich, daß sich einige oder eine/r als Freunde herauskristallisieren. Aber obwohl wir verschiedene Bezeichnungen dafür haben, ist es gar nicht so einfach, die Begriffe auseinanderzuhalten. Erst eine gewisse Erfahrung zeigt uns dann, wer ein Bekannter, wer ein Kamerad oder Kumpel und wer ein Freund ist. Kameradschaft wäre dann so etwas wie das, was zwei Menschen verbindet, die bereit sind, ihre Kammer miteinander zu teilen – also zu akzeptieren, daß da einer im gleichen Zimmer schnarcht. Du als Fußballspieler weißt ja, Kameraden sind die, die gerne miteinander ein Zimmer teilen und bei denen nicht immer eine gewisse gereizte Spannung herrscht, wenn es sie trifft, im selben Zimmer zu übernachten. Kameradschaft leitet sich ja von dem italienischen Wort »camerata« ab. Und das bedeutet eben Buden-, Stuben- oder Kammergenosse.

Man findet einen Kameraden, und es verbindet uns mit ihm ein gleiches Ziel: in der Schule das Ziel, sie hinter sich zu bringen; in einem Team, eine bestimmte Arbeit zu erledigen; in einem Verein, gemeinsam sportlichen Erfolg zu haben. Gute Kameraden zeichnen sich dann auch durch ganz bestimmte Eigenschaften aus: sie zeigen gegenseitige Rücksichtnahme, sie sind hilfsbereit, und unter Kameraden herrscht auch Fairneß.

Nicht selten ist es so, daß sich aus der Kameradschaft eine Freundschaft entwickelt. Genauso kann es bei »Kumpanen« und »Genossen« sein. Es ist ja interessant, daß das Begriffe sind, die trotz so verschiedener Wörter ganz nahe beisammen liegen. Kumpan kommt aus dem Lateinischen von »cum panis«, was heißt, da sind zwei, die nicht nur die Kammer, sondern auch das »Brot« miteinander teilen. Und der »Genosse« ist auch der, der mit mir vom selben Brot »genießt«. Für mich besteht da sogar eine religiöse Beziehung. Jesus wollte ja auch, daß wir in seinem Namen Brot miteinander brächen. Im Grunde genommen schließt sein Begriff von Freundschaft Genossenschaft und Kumpanei ein. Was also nichts anderes besagt, als daß im Freund auch immer ein Genosse und Kumpan steckt. Nicht umsonst gab und gibt es politische Bewegungen, die Genossenschaften und Freundschaften hochgehalten haben. Wer mit mir das Brot genießt, ist, weil er es mit mir teilt, mit mir bricht, zugleich mein Freund.

Aber nicht nur deswegen. Zur Freundschaft kommt neben dem Brotbrechen noch so mancher Aspekt dazu. Denn Freundschaft beinhaltet auch Zuneigung, Einverständnis, Vertrauen und unerschütterliche Treue. Das sind nur ein paar schnell hingeschriebene Hauptwörter, um aber der Freundschaft gerecht zu werden, muß man sie miteinander bereden. Denn Freundschaft ist nicht nur eine Sache von Begriffen im Hirn, sie ist, Gott sei es gedankt, noch viel mehr. Mark Twain, der große amerikanische Dichter, als Bub habe ich seine Bücher mit Begeisterung mehrmals gelesen, hat einmal gesagt: »Im Herzen steckt der Mensch und nicht im Kopf!« Und was er da vom Menschen sagt, das gilt ganz sicher auch von der

Freundschaft. Freundschaft ist etwas für den ganzen Menschen, nicht nur für das Hirn, obwohl es nicht schlecht ist, wenn das Hirn auch noch eine Rolle dabei spielt. Und das Hirn hilft uns auch, zu erkennen, wo die richtige Freundschaft zu finden ist. Denn nirgends kann man sich mehr täuschen als in der Freundschaft und in der Liebe.

Die Gefühle, so schön sie sind, so wichtig und wertvoll – bisweilen gaukeln sie uns etwas als gut und richtig vor, was es nicht ist. Meistens enden diese eingebildeten Gefühle in Enttäuschungen, die meist allerdings keine echten Ent-täuschungen sind, sondern ganz einfach das Ende von Täuschungen. Was uns dann so weh tut, wenn wir es lassen müssen, ist das Ende der Täuschung, und wenn wir gescheit sind, weinen wir der Sache nicht nach, sondern sagen ganz schlicht: Es war nichts.

Aber reden wir jetzt von den positiven Seiten der Freundschaft, weniger von unseren Einbildungen, dafür mehr davon, daß die Freundschaft so ist, wie Du mir geschrieben hast: daß sie für Dich überraschend gekommen ist, und mit einem Mädchen, das Du früher gar nicht so beachtet hast. Was uns auch zeigt: Freundschaft ist auf einmal da, überraschend da.

Freundschaft ist daher auch etwas Verwunderliches, etwas, das man so nicht verdient hat. Aber das habe ich ja schon vorher gesagt, daß sie ein (überraschendes) Geschenk ist. Etwas, das man nicht organisieren kann. Obwohl das Leben voll ist von Dingen, die wir organisieren können, die wir Menschen schaffen können, entzieht sich die

Freundschaft unserem Zugriff. Man soll daher nie vergessen, daß die Freundschaft sich in unserem Leben nicht hätte ereignen müssen, wie sie sich ereignet hat.
Diese Freundschaft, und da kann ich Dir nur zustimmen, ist etwas, das mit Glück verbunden ist. Freundschaft, echte Freundschaft hat das Glück für sich gepachtet. Aber das muß ich Dir in diesen Tagen nicht beweisen. Wenn man einen Freund hat (wenn ich Freund sage, meine ich damit auch gleichwertig Freundin), dann spürt man auch, daß das Leben schöner ist. Ich getraue mich zu sagen: Freundschaft macht uns größer und reicher. Ein freundloses Leben ist eintöniger, langweiliger, es ist kälter und einsamer.
Freundschaft ist für mich auch etwas Schöpferisches. Ich glaube sogar, daß es die Freundschaft zu uns Menschen war, weswegen Er die Welt und uns geschaffen hat; oder besser gesagt: ins Leben gerufen hat. Ich bin weiters überzeugt, daß Gottes Freundschaft unser Leben sehr glücklich machen kann. Damit wir aber wissen, wie Gottes Freundschaft sein kann, hat er uns auf Erden Menschen geschenkt, die unsere Freunde werden können. Und so ist für einen gläubigen Menschen die Freundschaft zu einem anderen Menschen zugleich ein Bild, ein Gleichnis für die Freundschaft zwischen Gott und uns.
Ich weiß nun nicht, wie Du darüber denkst, aber ich möchte Dir dazu noch etwas sagen, woran ich sehr glaube: Ohne Freundschaft wäre unser Leben, und Du hast hoffentlich noch ein langes vor Dir, eine unmenschlich schwere Aufgabe. Die

Freundschaft hilft uns, dieses Leben besser zu bewältigen. Schon deshalb ist es gut, wenn wir über sie miteinander ausführlich reden.
Du wirst, weil Du kontaktfreudig bist, wohl gut mit vielen Menschen auskommen. Und dabei hast Du sicher entdeckt, daß, obwohl du mit einigen, z. B. in Deiner Klasse und bei den Ministranten, gut auskommst, sie nie Deine Freunde geworden sind und in Zukunft auch nicht sein werden. Freundschaft ist eben nur mit ganz wenigen Menschen möglich, meistens nur mit einem einzigen. Das kann sogar traurig stimmen. Ich habe mich, als ich damals so alt war wie Du, auch gefragt: Weshalb ist Freundschaft so selten und auch so exklusiv, so ausschließlich? Es wäre doch toll, wenn es viele Freunde gäbe. Wie schön wäre die Welt, wenn viele Freunde in ihr wären, sie wäre bunter, phantasievoller und sicher auch lebenswerter. So aber bleiben die meisten Beziehungen oberflächlich, und auch dann, wenn man miteinander redet, kommt man sich nicht näher. Ja, es gibt sogar »gepflegte« Veranstaltungen, bei denen man diese oberflächlichen Kontakte hegt und pflegt und dabei noch meint, es sei etwas Gutes, wenn man in »small-talk« macht. Da gibt es dann nur viel Blabla, und es sind Themen im Gerede, die so unbefriedigend sind, daß man voller Sehnsucht den ersten Augenblick abwartet, bei dem man verschwinden kann. Es ist halt dann alles so allgemein, die Franzosen sagen dazu: *ordinaire.* Die Freundschaft dagegen ist etwas Besonderes. Man will sich näherkommen, sich besser kennenlernen, und erkennt dann, mehr oder weniger

plötzlich, daß es so etwas wie Verwandtschaft gibt. Man ist sich in gewissen Dingen ähnlich, man hat dieselben Interessen, man will mit dem anderen denselben Weg gehen, den er geht. Es zeigt sich, und das hast Du mir ja auch geschrieben, daß man sich dem Freund verwandter fühlen kann als den eigenen Geschwistern.
Bei Euch daheim ist es nicht so, aber wir wissen alle, daß es Familien gibt, wo die Geschwister sich nicht Freunde sind, sondern Feinde. Nicht umsonst heißt es sogar im Evangelium: Des Menschen größte Feinde sind seine Hausgenossen. Und Jesus hat gemeint, es könne passieren, daß Eltern oder Geschwister ein Familienmitglied der Verurteilung, womöglich sogar dem Tod ausliefern, wenn es einen »falschen« Glauben hat.
Also, wie gesagt, Freundschaft kann etwas sein, das stärker verbindet als die »Bande des Blutes«, wie man so sagt. Warum es so ist, dem will ich hier nicht nachgehen. Die Gründe würden wohl ein eigenes Buch abgeben, und es kommt noch dazu, daß ich zuwenig Fachmann in Psychologie bin und daher ungeeignet, über Mißverständnisse, Haß und Oberflächlichkeit in den familiären Beziehungen zu schreiben. Sollte es Dich besonders interessieren, kannst Du dich ja mit Psychologie beschäftigen. Schlecht wäre es sicher nicht, schon deshalb nicht, darüber mehr zu wissen, weil man dann helfen könnte, so manchen Krieg auf dem häufigsten Schauplatz, nämlich in der Familie, zu vermeiden.
Die Freundschaft hingegen hilft uns die Entfremdung bekämpfen, sie ist von allen Dingen, die der

Mensch in sich trägt, am besten geeignet, die Menschen einander nahezubringen. Sie entdekken dann, daß es schön ist, Mensch zu sein und es so zu sein, wie man es ist.

Ich finde an der Freundschaft besonders schön, daß der Freund Dich gut kennt, daß Du für ihn nicht irgendeiner bist, der da einfach vorübergeht, auf einer belebten Straße vorübergeht. Er weiß auch, Dein Freund, daß Du kein Zufall bist, sondern der, der für ihn und sein Glück bestimmt ist. Und weil er Dich als Glück erfährt, ist er auch bereit, Dich so zu nehmen, wie Du bist. Du weißt ja selbst, wie gut das tut, wenn man Fehler haben und Fehler machen darf und nicht sofort korrigiert oder benotet wird. Der Freund ist eben der, der weiß, daß nichts perfekt ist, daher auch nicht Du, und er selbst ist es ja auch nicht, und daß wir uns deshalb nichts vorzuwerfen haben. Wenn ein Freund mich korrigiert, dann nur, wenn er die Chance sieht, daß ich selbst es ändere. Ein Freund, Thomas, und das ist besonders wichtig, verlangt nichts Unmögliches, nichts, was man nicht ändern könnte oder ändern will. Daher kann er es sich auch leisten, Dich so zu nehmen, wie Du bist. Und er ist auch bereit, es Dir zu sagen, oder zumindest zu zeigen, daß er Dich unvergleichlich findet und unvergeßlich. Das ist es auch, was mich an der Freundschaft so freut: daß sie unvergeßlich macht. Weißt Du, man wird, wenn man älter wird, immer vergeßlicher. Und da tut es so wohl, wenn man mit einem Freund zusammen ist und all die Dinge wieder hochkommen, die man miteinander genossen hat.

Du weißt, ich komme viel herum. Und so geschieht es auch, daß ich Freunde sehr lange nicht sehe. Aber dann, wenn man sie wieder trifft, ist alles so wie damals, als man sich noch oft getroffen hat. Und das ergibt dann wieder die glücklichen Stunden, die wir so notwendig brauchen, um dieses nicht immer leichte Leben ertragen zu können. Schäme dich daher nie, einem Freund zu sagen, daß es Dich freut, daß er Dein Freund ist. Man kann ja dabei erfinderisch sein, muß nicht bei jeder Gelegenheit oder Ungelegenheit sagen: Du bist mein Freund. Aber man kann es zeigen oder ein verstecktes Kompliment machen. Er wird es schon als das erkennen. Denn er weiß ja, daß Du ihn kennst, sofern ein Mensch einen anderen erkennen kann. Aber Freunde kennen sich eben besser, weil einer sich dem andern mehr öffnet.

Gott kennt uns auch und weiß um unsere Schwächen und um unser Bemühen. Wir müssen nicht vor seinem Angesicht dauernd uns selbst heruntermachen. Ihm ist lieber, wenn wir unsere guten Seiten besser entfalten, statt uns nur dauernd zu bejammern. Vor Gott können wir offen sein, und auch vor einem Freund. Je aufrichtiger wir sind, je ehrlicher, desto eher kann man uns erkennen. Daher ist es für die Freundschaft so wichtig, daß wir ehrlich sind, damit uns der Freund erkennen kann. Wenn wir uns getrauten, unser wahres Gesicht einem Menschen zu zeigen, dann wäre der erste Schritt zur Freundschaft schon getan. Aber Du weißt selbst, das ist nun alles andere als leicht. Das Leben zwingt immer mehr Menschen, Rollen zu spielen, sich Masken anzuziehen. Das ist nun bei vielen von Euch jungen Menschen verhaßt, und es ist gut so. Ich entdecke aber auch immer wieder, wie es für Euch Junge schwerer wird, ehrlich zu sein. Es gibt schon sehr viel Theater bei Kindern und Jugendlichen. Immer weniger kann man hinter die Kulissen sehen, und das macht einen sehr unsicher. Ich weiß noch, wie zornig ich in meiner Jugend geworden bin, wenn ich wieder eine Lebenslüge entdeckt habe. Am allertraurigsten aber hat mich gestimmt, wenn ich entdecken mußte, wie nahe Lüge und Wahrheit beeinander sind, so daß man oft lange brauchte, bis man wußte, welches die Lüge und welches die Wahrheit war. Ich habe auch entdeckt, wie sehr die Angst zur Lüge verleitet. Und es gibt doch einige Dinge, die einem in der Jugend Angst bereiten. Ich habe mich daher auch immer gewundert, daß die strengen Lehrer und die strengen Eltern so schwer dahintergekommen sind, daß man sie belogen hat. Bei einigen vermute ich, daß sie das Lügen sogar gefördert haben, ja geholfen haben, besonders raffinierte Lügen zu erfinden. Vielleicht wollten sie damit gehorsame Kreaturen erschaffen, Menschen, die in der Welt die Lüge vermehren und den Terrorismus verstärken, oder jene Sportart besonders unterstützen, die darin besteht, daß man als »Spezialradfahrer« nach oben buckelt und nach unten tritt.

Gut, ich will jetzt nicht alles Lügen schimpfen, was eine Maske trägt oder eine bestimmte Rolle spielt. Oft ist es tatsächlich ein Schutz, weil es zuwenig Freunde gibt. Denn nur Freunde erlauben uns, das wahre Gesicht zu zeigen, ohne daß sie unsere Fehler ausnutzen oder gegen uns verwenden, damit sie besser dastehen. Es gibt eben auch die Anpassung im Leben. Es kann sein, daß man, wenn man sich nicht anpaßt, gar nicht überleben kann, und als erstes haben wir doch das Recht auf Leben. Es wird ein Afrikaner, der gewohnt ist, einen Lendenschurz zu tragen, in der Antarktis elendiglich erfrieren, wenn er sich nicht an die Gewohnheit der Polarbewohner anpaßt und sich warm anzieht, und der Eskimo darf sich nicht wundern, wenn er im Kongo bei herniederbrennender Sonne in seinem Eisbärfell halb oder ganz erstickt. Ebenso kann es sein, daß jemand, der im Beruf einen Betrieb vertritt, auch die Meinung des Betriebes vertreten muß und weniger die eigene. Ich vermute, du wirst dieser Erscheinung im Leben noch oft begegnen, daß man um einer höheren Sache willen das eigene Wohl zurückstecken muß, ohne dabei gleich das Gesicht zu verlieren. Aber wie gesagt, ob es nun notwendig ist, eine Rolle zu spielen, oder ob man in lügenhafter Weise bereit ist, ein unwahres Gesicht zu zeigen, es geschieht das alles, wie um einen Satz zu bewahrheiten, den ich einmal gelesen habe: »Der Mensch wird als Original geboren und stirbt als Kopie.« Der Satz hat mir sehr zu denken gegeben.

Und es hat mich daher immer wieder gefreut, wenn es vor allem junge Menschen gewesen sind, die sich dagegen gewehrt haben. Und es gibt nur ganz wenige, die es einem erlauben, den Satz umzukehren: Der Mensch wird als Kopie geboren und stirbt als Original. Das wäre möglich, wenn

es mehr Freunde gäbe, denn Freunde lassen Dich auch ein Original sein oder werden. Und das ist sehr tröstlich. Bei aller Beeinflussung, die das Leben für uns bereithält, gibt es doch noch ein paar Winkel, in denen wir frei sein können, gibt es ein paar Orte, wenn auch nur geistige, in die wir uns ungestört verkriechen können und wo wir noch sein dürfen und können, wer wir wirklich sind. Orte, wo wir Freunde treffen, wo wir die Freunde finden, die uns die Freiheit spüren lassen. Orte, wo weniger gefordert wird als geschenkt. Ein gutes Theater, ein gutes Musical kann ein solch geistiger Ort sein. Ich weiß, daß Du Musik gern magst. Die Musik ist einer der Hauptorte, wohin wir uns zurückziehen können. Wir können jener Musik horchen, die uns gefällt. Wir können jene Musik machen, die wir wollen. Nicht alle können es, aber doch viele.
Zum Glück gibt es auch nicht wenige unter Euch, die gerne lesen. Ein gutes Buch hilft uns, neue Welten, neue Einsichten und Erfahrungen zu gewinnen. Mit dem Buch ist man fähig, die ganze Welt zu Gast zu haben. Aber man kann auch selbst schreiben, ein Tagebuch, in dem man sich alles von der Seele schreibt oder auch das niederlegt, verewigt, was einen glücklich macht. Nicht umsonst gibt es so viele Freunde, die einander auch gerne schreiben. Vom Sport wollen wir hier erst gar nicht reden. Wandern, Schwimmen, Bergsteigen, Radfahren – alles kann uns helfen, uns zu entfalten. Manche nützen auch Reisen, kaufen sich ein Ticket und fahren per Zug durch Europa, lernen andere Leute kennen, andere Welten, an-

dere Weltanschauungen, andere Religionen. Die Welt wird weiter, und sie wird noch weiter, wenn man die Freude des Kennenlernens mit Freunden teilt.
Mir kommt auch vor, daß dann, wenn man sich für eine Sache, vor allem für eine gute, engagiert, mehr man selbst sein kann. Ich kenne einen Burschen – Du solltest sehen, wie der menschlich gewachsen ist, seit er bei der Rotkreuz-Rettung mitfährt. Es gibt tausend Beispiele dafür: Wenn jemand sich bei einer guten Sache, oft auch schon bei einer nicht so wichtigen Sache, einsetzt, wird das Leben für ihn sinnvoller. Ich glaube, daß das Leben dann sinnvoll wird, wenn wir spüren, wir werden durch eine Aktion menschlicher, wir wachsen über uns hinaus oder können dabei andere glücklich machen.
Und da wären wir wieder bei unserer Freundschaft. Sie macht das Leben deshalb sinnvoll, weil sie versucht, andere glücklich zu machen. Ein freundschaftliches, ein liebendes Leben ist immer sinnvoll. Es kommt nicht von ungefähr, daß unter Menschen, die sich für andere Menschen einsetzen, mehr Freunde zu finden sind. Wer für andere das Gute will, wird zum Freund. Auch ein zweiter Effekt kann eintreten: Wenn ich auf einem Gebiet etwas gut leisten kann, wenn ich zeigen kann, was ich kann, haben andere die Möglichkeit, mich besser kennenzulernen, und so ist der Freundschaft wieder ein Tor geöffnet.
Bei dieser »engagierten« Freundschaft kommt noch hinzu, daß sie selbstlos ist. Das genau steckt dahinter, wenn Dich Deine Monika fragt, welche

Platte Du hören willst, und nicht gleich ihren Hit auflegt, außer sie weiß, daß ihr Hit auch Dein Hit ist.

Du siehst das daher ganz richtig, wenn Du vermutest, es habe Freundschaft mit Selbstlosigkeit zu tun. Es gibt nämlich einen ganzen Haufen Menschen, die sich Freunde nennen, es aber nicht sind.

Ich habe da einen lustigen Abschnitt über Freundschaft in einem Büchlein eines meiner Freunde gefunden. Pater Karner, ein evangelischer Pfarrer, hat Ausschnitte aus Predigten des berühmten Predigers Abraham a Sancta Clara herausgegeben. Das Büchlein nennt sich: »Lach nur, lach, eitler Weltaff«, und da steht über falsche Freundschaft folgendes geschrieben:

Freunde gibt's genug, aber ...

Freunde gibt's genug, aber solche wie der Aal, der meistens davonschlüpft und Reißaus nimmt, wann man glaubt, ihn festzuhalten.

Freunde gibt's genug, aber solche wie das Quecksilber. Wenn das nämlich zum Feuer gestellt wird, so sagt es so geschwind wie der Wind sein »Lebewohl«, und so wird aus einem Quecksilber ein Gehweg-Silber.

Freunde gibt's genug, aber solche wie die Schwalben: so lange die lustige und angenehme Sommerzeit dauert, solang bleiben sie bei uns, aber gleich wenn es anfängt, kalt zu werden und kühl, dann nehmen sie hinter der Tür Urlaub.

Freunde gibt's genug, aber solche wie die Sonnenuhr, die tut solang ihren Dienst, solang die goldene Sonn zu scheinen pflegt, sobald die aber untergegangen ist, ist auch bei ihr der Dienst aus. Freunde gibt's genug, aber solche wie die Blutegel, die hängen sich solang an einen und picken an der Haut, bis sie ihre Wampen gefüllt haben, und nachher schämen sie sich nicht, voller Blut ihren Abschied zu nehmen.

Freunde gibt's genug, aber solche wie die Mäuse. Die bleiben solang im Haus, solang es in gutem Zustand ist, sobald sie aber merken, daß es bald zugrund gehen und einstürzen wird, so verlassen sie es und retirieren sich anderswohin.

Freunde gibt's genug, aber solche wie die Vögel am Baum des Nabuchodonosor: auf dem hatten sie unter andauerndem Singen und Pfeifen ihre Wohnung, sobald aber dieser auf Befehl des Allerhöchsten umgehauen worden ist, da haben sich die sauberen Vögel aus dem Staub gemacht.

Freunde gibt's genug, aber solche wie die Melonen, von denen schauen die meisten auswendig gut aus, wenn man sie aber nur ein wenig genauer anschaut, so ist kaum eine von zehn Melonen etwas wert.

Freunde gibt's genug, aber solche wie ein Bach, bei dem ist immer ein guter Rausch anzutreffen, weil ihm von allen Bergen die Wasser zulaufen und mit ihm in gutem Rausch leben; wenn aber die größte Hitz' ist, dann findet man nicht einmal einen Tropfen Wasser.

Viele Freundschaften sind nicht anders: Wie oft hört man, der und der ist gestorben, er ist mein guter Freund gewesen, wir haben oft einen guten Rausch miteinander gehabt, tröst ihn Gott. Und

damit ist die ganze Freundschaft bezahlt. Jetzt, wo er in der größten Hitze, in den größten Qualen des Fegfeuers ist, wo aller Rausch ein End' hat, ist nicht ein Freund da, der ihm einen Tropfen Wasser bei dieser Hitz' spendiert.
Das sind keine guten Freunde, die nur in freundlichen Zeiten Freunde sein wollen.

Judas der Erzschelm

Heiter, nicht wahr! Und gut gezeichnet. Aber nicht alle, die in Zukunft behaupten werden, Deine Freunde zu sein, wirst Du zu den Negativen rechnen müssen. Es wird auch die Guten geben. Und es ist überhaupt interessant, unter welchen Blickwinkeln Menschen versuchen, sich Freundschaft zu sichern, und womöglich auch noch glauben, sie seien Freunde. Wahre Freunde, wie man denn so sagt, wahre sind sie nicht.
Aber es gibt auch so etwas wie Schrumpffreunde. Auch über die wollen wir ein wenig reden. Du wirst Menschen treffen, die Deine Freunde sein wollen, weil es ihnen dann besser geht, weil sie sich dann wohler fühlen. Wie es Dir geht, ist ihnen eher »wurscht«. Mit Dir zusammen fühlen sie sich wohler, körperlich, seelisch oder sogar finanziell, anderen geht es sozial besser. Wenn sie sich mit Dir sehen lassen können, dann kommen sie sich auch bessergestellt vor. So einer ist allerdings nicht deshalb Dein Freund, weil Ihr Euch gut kennt, sondern weil er einen Vorteil davon hat, oder auch Du. Diese Art Freundschaft ist aber in den meisten Fällen zeitlich beschränkt. Dann nämlich, wenn der Freund nicht mehr von Vorteil

ist, wenn er nichts mehr hergibt, schrumpft die Freundschaft, oft über Nacht, weil der Freund seine »Rentabilität« verloren hat. Bei einer solchen Freundschaft erkennt man im nachhinein, ab und zu schon während der Freundschaft, daß es nicht sosehr um den Freund geht, sondern um eine Sache, die er oder man selber vertritt.
Die gute Freundschaft ist also das Gegenteil davon: sie ist von Dauer, und es geht um Euch zwei und um Euer gemeinsames Glück und Wohl. Da ist der Profitgedanke ausgeschlossen. Im Musical »Hair« gibt es dazu eine bezeichnende Szene mit einem dementsprechenden Lied. Ein Mädchen sucht ihren Freund, von dem sie vermutet, er lasse sich deshalb nicht mehr sehen, weil er sich schämt, daß er die drei Dollar nicht zurückzahlen kann, die er ihr schuldet. Das Mädchen schickt nun Leute auf den Weg, ihn zu suchen mit der Botschaft, ihm zu sagen: Er kann die drei Dollar behalten, ich will nur ihn. Wahre Freundschaft nimmt sogar materiellen Verlust in Kauf, Armut zum Beispiel vermindert die Festigkeit der Freundschaft nicht. Dafür gibt es in der Geschichte viele Beispiele. Als der hl. Franz von Assisi freiwillig arm wurde, da hat seine Freundin Clara es trotzdem nicht aufgegeben, seine Freundin zu sein, hat sich nicht sofort mit einem andern, einem »Nobelhobel«, getröstet.
Es hat mich an der Freundschaft immer so fasziniert, daß sie so absichtslos ist. Man läßt von der Freundschaft nicht ab, ob es nun mit dem Freund ganz aufwärts oder ganz abwärts geht. Darum ist Freundschaft auch so befreiend, weil man weiß, es

gibt da jemanden, der zu mir hält, was immer auch das Leben daherbringt. Die Freundschaft hat da viel Ähnlichkeit mit der Liebe. Auch Verliebte halten zueinander, was auch immer daherkommt. Weil, wenn sie es nicht tun, dann ist es nicht Liebe gewesen, sondern etwas, das nur so bezeichnet wird.

Wir wären damit auch bei einer Frage, die Du mir gestellt hast: ob auch bei der Freundschaft die körperliche Nähe, ja die Erotik eine Rolle spielen dürfe.

Ich glaube schon. Das liegt nämlich schon im Wort Freund. Ich habe einmal irgendwo gelesen, das Wort »Freund« komme von dem gotischen Begriff *frijon,* was soviel bedeutet wie freien oder lieben. Das würde besagen: Ein Freund ist zugleich auch ein Freier, einer der aufs »Freien« aus ist. Heute würde man sagen, es sei einer auf Freiersfüßen, oder gar ein Heiratslustiger.

Nun geht es bei der Freundschaft nicht gleich um Heirat, aber es ist durchaus möglich, daß Freundschaft zwischen Mann und Frau, zwischen Freundin und Freund auch erotisch bestimmt ist. Aber das muß ich dir wohl nicht sagen. Daß Du das verspürt hast, verrät Deine Frage. Nur glaube ich eben, daß Freundschaft eine andere Dimension hat als jener Bereich, den wir Verliebtheit oder später Ehe nennen. Dazu kommt ja noch, daß es die Freundschaft nicht nur bei der Beziehung Mann–Frau gibt. Es gibt ja auch Freundschaft unter Frauen und unter Männern. Und da kann man nicht gleich annehmen, daß zwei Freunde gegenseitig auf Freiersfüßen sind. Obwohl es, ich will die Augen nicht vor der Wirklichkeit verschließen, Formen der gleichgeschlechtlichen Freundschaft gibt, die auch eine erotische Komponente haben. Aber ich denke, daß das weder bei der Freundschaft zwischen Mann und Frau noch unter Frauen oder Männern zum Wesen der Freundschaft gehört.

Freundschaft geht, was die erotische Seite betrifft, sicher weniger tief als Liebe bei Verliebten oder Verheirateten, oder Verheirateten, die verliebt sind. Andererseits ist Freundschaft tiefer als die geschlechtliche Liebe. Und es ist auch so, daß Verliebte durchaus Freunde sein können, aber das muß nicht sein. Wenn aber ein Freund ein Freund sein will, dann muß er ein Freund sein und kein »Verliebter«.

Wo der Unterschied liegt, will ich versuchen, noch herauszuarbeiten. Mir kommt vor, der wesentliche Unterschied besteht in der umfassenden Menschlichkeit der Freundschaft. Das ist nun schnell herausgesagt, und es wird notwendig sein, Dir zu erklären, wie ich es meine:

Liebe zum Beispiel geht direkt auf den Verliebten zu. Der Verliebte findet den andern, die Geliebte oder den Geliebten, begehrenswert. Solche Liebe ist immer erotisch. Und die Art der Liebe ist so, daß man den anderen vor allem liebt, weil er einen begehrenswerten Körper hat. Das ist ja auch die Triebfeder der Sexualität. Beim Sex geht es mehr um das Körperliche, bis dorthin, wo es nur noch ums Körperliche geht. Daher kann es dahin kommen, daß der Sex lieblos wird, weil der andere nur mehr als Objekt der Befriedigung ge-

sehen wird. Was meiner Ansicht nach total unmenschlich ist und nichts bringt. Nicht einmal Befriedigung bringt es. Ich weiß, das hören und lesen manche nicht gerne. Ich glaube, Sex allein ist doof. Wenigstens ein Schuß Liebe muß da sein. Erotik oder Sexualität haben dann ihren Sinn, wenn sie mit Liebe gekoppelt sind. Lieblos, so getraue ich mich zu sagen, sind sie dann das, was wir bisher in unserer Kirche, in Deinem Glauben, »Sünde« genannt haben. Lieblosigkeit zieht den Menschen in den Bereich eines Gegenstandes hinab, entmenschlicht ihn, weil Gott ihn eben als liebenswertes Wesen geschaffen hat.
In den letzten fünfzig Jahren haben die Menschen, glaube ich, diese Tatsache nicht so klar gesehen. Ich setze aber viel Hoffnung in Euch, daß Ihr wieder erkennt, daß es die Liebe ist, die mehr aus uns macht – und in unserem Fall auch die Freundschaft. Womit ich nicht sagen möchte, daß das Körperliche nicht auch wichtig ist. Zum Teil wirft man ja uns Priestern und der Kirche vor, wir hätten die Liebe zum Körperlichen zu sehr unterdrückt oder für schlecht angesehen. Manche Bedenken diesbezüglich sind von unserer Seite aus echter Sorge, ja sogar aus Angst gekommen – wobei Angst ja immer auch mehr oder weniger fraglich ist.
Ich möchte Dir erklären, wie ich es sehe. Die Kirche ist immer von der Verantwortung ausgegangen, der Verantwortung auch und vor allem für die Kinder, die in einer geschützten Umgebung aufwachsen können sollten. Und die Familie sei der Ort, meinte man, wo dieser Schutz am besten

gewährleistet sei. Daher wollte die Kirche, daß Kinder in der Ehe zur Welt kämen.
Aus dieser Haltung ist zu verstehen, daß früher ledige Mütter schief angeschaut wurden. Außerhalb der Ehe, vermutete man, sei es dem Kind erschwert, in Geborgenheit aufzuwachsen. Diese Vermutung hatte ihre Berechtigung, glaube ich. Aber ganz falsch, ja unmenschlich war es, diese Mütter, die es ja schon schwer genug hatten, sozial auch noch zu schneiden. Auch daß sie in der Kirche schief angeschaut, ja sogar benachteiligt wurden, ist falsch gewesen und nicht entschuldbar. Denn diese meist jungen Mütter waren noch dazu sehr tapfer, weil es nicht leicht war, in einer Familie als Außenseiter zu gelten.
Heute wollen es sich manche leichter machen, indem sie abtreiben. Ob sie es sich da wirklich leichter machen, weiß ich nicht. Schließlich wird hier Leben beseitigt. Es gibt ja nicht wenige, die das als Mord bezeichnen. Nun ist aber Mord ein großes Wort, für mich setzt es voraus, daß der, der diese Tat begeht, weiß, was er tut. Und ich bezweifle doch sehr, ob die, die es an sich geschehen lassen, wirklich wissen, was sie tun. Da gibt es nur zu viele, die im nachhinein mehr als bedauern, was sie getan haben. Nur läßt sich das Rad der Zeit und der Entscheidung nicht mehr zurückdrehen.
Damit ich Dir hier nicht Theoretisches vorkaue, möchte ich Dir aus dem Brief einer Mutter zitieren. Es sagt meiner Meinung nach mehr aus als stundenlange Diskussionen.
»... Nur einmal noch möchte ich das Rad der Zeit zurückdrehen können, nur dieses eine Mal.

Noch einmal die Gewißheit des Lebens in mir, das Gefühl des unendlichen Fallens, Wuttränen über Dich und mich, die Antworten der anderen ... aber geheiratet wird gleich, noch einmal einen dicken Bauch – nein ... Ihr könnt es ja wegtun lassen. Meine Reaktion darauf: Nein, ich möchte es nicht, wie kann man nur! Doch dann dieses Nagen, der Zweifel, dieser große graue Schatten, der immer mehr Besitz von uns nahm, den wir nicht bekämpft haben, bis er uns eingeholt hatte. Die Einwände wurden immer kleiner, der ungeheuerliche Gedanke nahm Besitz von uns – ein bequemer Weg ... einfach etwas fortwerfen, wegstoßen, eine kleine Zelle zerstören.
Und so haben wir es getan, und so habe ich es getan. Was ist nur damals mit mir geschehen? Wie konnte ich so eine Entscheidung treffen. *Warum?* Nur einmal noch möchte ich das Rad der Zeit zurückdrehen können, nur für dieses eine Mal!
Nur einmal noch diese Ungewißheit verspüren – nur einmal noch mich von diesem grauen Schatten befreien und dieses kleine menschliche Wesen annehmen und behüten, allen, allen Einwänden zum Trotz. Ich möchte nochmals mich entscheiden dürfen und müssen: *Für das Leben.*«
Soweit der Brief. Ich finde es großartig, wie diese Frau mit einem Satz das Problem beschreibt und erfaßt, um das es geht. Es geht um das Leben! Und wenn es nämlich nicht ums Leben geht, dann geht es daneben. Ich unterscheide so für mich sogar zwischen Gut und Böse. Wenn etwas für das Leben ist, ist es gut, wenn es gegen das Leben ist, ist es für den Teufel. Wenn man es genau betrach-

tet, sind es die Dinge, die gegen das Leben sind, die sich besonders rächen. Da kann man noch so sehr das Leben reklamieren, es ist vom Teufel, wenn man im Namen des Lebens Leben zerstört. Und eines Tages rächt sich die Natur.

Ich habe daher die große Betonung von Freizügigkeit und Freiheit in der Sexualität immer absurd gefunden. Der Sexualtrieb ist ja deshalb da, damit die Menschheit durch Fortpflanzung überlebt. Also dient dieser Trieb des Menschen dem Leben. Dem Leben und dem Überleben. Wenn nun aber die Freiheit darin besteht, daß ich nach der Übung der Freiheit Leben zerstöre, dann arbeitet der Trieb, der zu den wertvollsten und schönsten im Menschen gehört, gegen sich selbst. Er arbeitet dann dem Todes- und Zerstörungstrieb in die Hände. Das ist, wie ich glaube, so widersprüchlich, wie es nur widersprüchlich sein kann.

Ich vermute, daß es einer weiteren Entwicklungsstufe in unserem Menschsein bedarf, bis wir die Sexualität tatsächlich wieder für das Leben »arbeiten« lassen. Zur Zeit sind wir Menschen noch zu sehr auf den Genuß aus, auch dann, wenn er Menschen und menschliche Beziehungen zerstört. Deshalb bin ich so froh, daß es auch die Freundschaft gibt, bei der die Sexualität nicht gleich an erster Stelle steht, sondern der Mitmensch, der Mensch. Ich möchte dabei gar nicht abstreiten, daß körperliche Liebe auch Menschlichkeit mit einschließt. Wenn man jemanden in seinem Mann-Sein oder seinem Frau-Sein schätzt, schätzt man ja auch seine Menschlichkeit und

sein Mensch-Sein. Aber in der Freundschaft schätzt man im anderen mehr, nicht bloß, daß er ein Mann oder eine Frau ist. Ich komme jeden Tag mehr zu der Ansicht, daß Freundschaft aus der Liebe noch mehr macht. Mich hat es daher in letzter Zeit sehr gefreut, daß es bei den Hochzeiten, bei denen ich als Traupriester dabeisein durfte, einige Pärchen gegeben hat, die ihre Ehe unter dem Motto der Freundschaft gestalten wollten und weniger aus der Rücksicht auf die Partnerschaft, die ich ja auch sehr schätze, oder von einem rechtlichen Standpunkt aus.
Freundschaft hilft Dir also auch in der Ehe. Wenn man sich nur als Mann oder Frau sieht, ist der Horizont des Erkennens kleiner. Ein Freund, um es einfacher zu sagen, sieht mehr als ein Liebespartner. Ja es kann sogar sein, daß Beziehungen zwischen Mann und Frau sich unmenschlich und unglücklich gestalten, etwa wenn jemand sich körperliche Liebe durch Ehe erkauft hat, dann kann er durchaus ein Gehaßter statt ein Geliebter sein. Er ist zumindest ein ungeliebter Freier, und wenn man ihn doch ein wenig mag, dann vielleicht nur deswegen, weil er gut zahlt.
Das alles widerspricht nun der Freundschaft ganz, denn sie baut auf Freiwilligkeit auf, auf freiwillig geschenkter Hingabe und nicht auf Selbstbetrug oder Erpressung. Daher kann man auch sagen: Wenn Du jemanden wirklich gut kennenlernen willst, dann muß er Dein Freund sein. Im übrigen, und das hat mir meine Mutter als Rat mitgegeben, bleibt die Frau für den Mann und der Mann für die Frau ein eher unbekanntes Wesen. Wobei ich

noch den Eindruck habe, daß die Frauen uns Männer besser verstehen als umgekehrt. Ich kann daher nur lächeln, wenn ich irgendwo höre, daß sich einer als Frauenkenner ausgibt. Ich halte es da eher mit dem französischen Schriftsteller Paul Claudel, der in seinem Werk »Der seidene Schuh« eine Frau zu ihrem ehemaligen Geliebten sagen läßt: »Ich bin das Versprechen, das nicht gehalten werden kann, und darin besteht meine Gnade.« Das ist auch wieder das schöne an der Freundschaft, daß sie dem andern auch zugesteht, bei allem Erkennen ein Geheimnis bleiben zu dürfen, auch wenn die Sehnsucht groß ist, ein bißchen oder sehr das Geheimnis lüften zu dürfen. Der Mensch ist, Gott sei es gedankt, auch ein geheimnisvolles Wesen. In diesem Geheimnis steckt auch etwas Ewiges. Und das macht Freundschaft so wertvoll. Weil sie noch etwas ist, das uns hilft, das zu bekämpfen, was vielen Menschen so angst macht: der Gedanke, daß das Leben sehr kurz ist und daß der Tod kommt und alles dunkel, traurig und trostlos macht.

Ich kenne ein Mädchen, das seinen Freund durch einen Verkehrsunfall verloren hat. Sie war unendlich traurig. Sie geht viel auf den Friedhof, vor kurzem hat sie mir gesagt, sie freut sich so auf den Himmel, weil sie ihn dann dort trifft und weil er dann ganz ihr gehört. Ich habe sie dann ein wenig durcheinandergebracht, weil ich ihr gesagt habe: das mit dem Alleinhaben wird nicht ganz so klappen. Denn der Himmel, so wie ich ihn verstehe, ist ein Himmel von Freunden, und da werden alle einander gern haben. Was mich da eher freut, und wirklich freut, ist, daß der Himmel der Freundschaft keine Eifersucht kennt und dort jeder dem anderen die himmlische Freundschaft gönnt und nicht böse ist, weil er meint, einer hätte irgendeinen Engel fünf Minuten länger angeschaut als er. Wobei man allerdings auch bedenken darf, daß 1 000 Jahre im Himmel wie ein Tag sind, und da sind fünf Minuten dann schon eine lange Zeit.

Aber Spaß beiseite. Die Freundschaft, Du siehst es am Beispiel des Mädchens, geht über den Tod hinaus. Zur ehelichen Liebe und Treue ist man nur so lange verpflichtet, als das Leben währt. Freundschaft ist unwiderruflich. Deshalb kann dir niemand so viel Halt in Deinem Leben geben wie ein Freund. Ich kann hier einen ganz großen Satz niederschreiben: Freundschaft hebt das, was ein Freund für einen Freund tut, in die Dimension der Ewigkeit.

Thomas, ich glaube, Du kannst diesen Satz wieder auf Deine Ebene herunterholen, klug genug dazu bist Du ja. Und ich vermute, daß Du inzwischen selbst schon ein wenig in Deiner Freundschaft spürst, was es ist und was es heißt: Ein Freund ist ein guter Halt.

In dieser brüchigen und zerstörten Welt gibt es noch etwas, das hält, das nicht altert oder vermodert. Schon deswegen muß man die Freunde hochleben lassen. Obwohl man aufeinander angewiesen ist, spürt man, man ist doch frei, man kann der Mensch sein, der man ist, und weil man das ist, ist man, es klingt zwar paradox, mehr miteinander verbunden, als uns sonst ein menschliches oder irdisches Band je verbinden kann.

Das ist nun keine neue Erkenntnis. Schon in einem Buch des Alten Testaments hat ein Weiser, man nennt ihn Jesus Sirach, dies festgehalten (6,14–17):

»Ein treuer Freund ist wie ein festes Zelt; wer einen solchen findet, hat einen Schatz gefunden. Für einen treuen Freund gibt es keinen Preis, nichts wiegt seinen Wert auf.

Das Leben ist geborgen bei einem treuen Freund, ihn findet, wer Gott fürchtet.

Wer den Herrn fürchtet, hält rechte Freundschaft, wie er selbst, so ist auch sein Freund.«

An dem Text gefällt mir der Schlußsatz ausnehmend gut: So wie der eine Freund ist, so ist auch der andere. Freunde färben aufeinander ab, obwohl es überhaupt nicht nötig ist, daß sie in allem übereinstimmen. Formen und Verhaltensweisen von Freunden können sehr verschieden sein, und das nicht nur dann, wenn der eine eine Frau und der andere ein Mann ist. Sie können schon darin verschieden sein, wie oft sie den andern treffen wollen. Du willst zum Beispiel oft mit ihr zusammensein. Ich wiederum habe Freunde, die ich nur selten sehen kann, trotzdem sind sie gute Freunde. Ich habe auch den Eindruck, daß man in der Jugend eher auf oftmaliges Treffen aus ist. Später lernt man, daß das Leben einem gewisse Grenzen auferlegt. Man sieht sich seltener, entweder weil man weit auseinander wohnt oder weil beide viel zu tun haben. Es kann auch sein, daß Freunde auf oftmaliges Treffen verzichten, wenn sie spüren, es wird einer dabei überfordert. Freundschaft kann ja eine sehr intensive Sache sein.

Es gibt zwar immer wieder Leute, die behaupten, eine Freundschaft ohne häufige Begegnung sei reizlos. Das stimmt sicher nicht. In einer Freundschaft ist nicht wichtig, wie oft man sich aufsucht. Rabindranath Tagore, der große indische Philosoph, hat einmal sehr richtig gesagt: »Freunde sind nie heimatlos, denn einer wohnt in des andern Herz.«
Und es gibt ja noch eine Hilfe bei »Distanzproblemen«. Man kann sich schreiben. Die Weltliteratur ist voll von Briefen, die sich Freunde geschrieben haben. Ich glaube, es gibt genauso viele Freundesbriefe wie Liebesbriefe. Und es ist interessant, daß es auch Briefschreiber gibt, die ihre Briefe nie abschicken. Man schreibt an den Teil des Freundes, der, wie Tagore es sagt, im Herzen lebt.
Aber wichtiger sind schon die Briefe, die man abschickt, weil sie im wahrsten Sinn des Wortes Distanzüberbrücker sind. Im Brief überbringt sich der Schreiber gleichsam seinem Freund. Das ist wichtig und richtig. Man sollte diese Art, Freundschaft zu pflegen, nicht unterschätzen. Ich weiß, Thomas, du bist kein großer Briefschreiber, aber vielleicht kannst Du eines Tages an Dir selbst bestaunen, was die Freundschaft alles aus uns machen kann. Und Briefe schreiben können ist etwas sehr Schönes, etwas, das unser Leben sehr bereichern kann. Manchmal nimmt Briefschreiben Formen an, die einer Liturgie nahekommen. Ich erinnere mich da an eine Mutter, die immer dann, wenn sie ihrem Sohn nach Amerika schrieb, eine brennende Kerze auf den Tisch gestellt hat

Auch ich habe schon Briefe bekommen, denen man es angesehen hat, daß sie mit viel Liebe und Phantasie hergestellt waren. Man macht sich dann sogar ein Bild von dem Menschen, auch wenn man ihn von Angesicht zu Angesicht gar nicht kennt. Und bei guten Freunden kann es Dir passieren, daß Du, wenn Du den Brief liest, sogar die Stimme des Freundes hörst, sein Gesicht vor Dir siehst.

Ich weiß, manche sind der Meinung – und als ich jung war, war ich auch der Ansicht –, Freunde sollten nicht sehr unterschiedlich denken, weder weltanschaulich noch religiös oder politisch. Das ist nicht richtig. Freunde sollen denken dürfen, was sie denken oder glauben wollen. Bei aller Gemeinsamkeit muß jeder seine Individualität bewahren dürfen. Das ist, so scheint mir, die schönste und menschlichste Seite der Freundschaft, daß Du, aber das habe ich schon einmal betont, in der Freundschaft der sein darfst, der Du bist, und nicht der, der Du in den Augen anderer sein solltest. Ich wünsche es Dir, daß Du immer solche Freunde haben mögest, bei denen Du offen sein kannst und dich so geben kannst, wie du bist, und die Dich immer noch mögen. Glaub mir, sie vor allem sind Deine wahren Freunde. Von ihnen gilt das, was ebenfalls in dem Buch steht, von dem ich Dir schon etwas über Freundschaft zitiert habe. Bei Jesus Sirach kannst Du lesen:

»Ein treuer Freund ist eine starke Burg (heute würde man sagen: ein Atombunker). Wer einen gefunden hat, hat einen Schatz gefunden. Er ist unbezahlbar, für ihn gibt es keinen auch noch so

hohen Preis. Sogar ein großer Schutz für Dein Leben ist ein treuer Freund.«
Ich glaube, den Schutz kann man auch als Geborgenheit verstehen. Bei einem Freund fühlt man sich in dieser Welt der brutalen Auseinandersetzungen geborgen. Dies auch deshalb, weil er Dich sogar noch in dem, was Du bist, bestärkt, weil er Dich für einmalig hält. Allerdings heißt das nicht, daß ein Freund zu allem, was Du tust, ja und amen sagt. Ich glaube, man muß da gut unterscheiden zwischen Sein und Tun. Ich glaube daher, daß ein Freund uns kein guter Freund sein kann, wenn wir ihm nicht das Recht der Kritik einräumen. Ich bin sogar der Ansicht, daß gute Freundschaften auch aus dem Widerspruch leben. Es ist sehr zu vermuten, daß ein Freund, der Dich nie kritisiert oder nie eine zu der Deinen widersprüchliche Meinung hat, Dich nicht ganz für voll nimmt. Erst wenn man jemanden voll anerkennt, kann man die Widersprüche entdecken und aufdecken, und das Wesen der Freundschaft besteht dann darin, daß man die Widersprüchlichkeiten ausreden kann. Ein Freund muß durchaus nicht Deiner Ansicht sein. Aber im freundschaftlichen Gespräch hilft man sich gegenseitig, der Wahrheit näher zu kommen. Der Freund käme sich als Verräter vor, wenn er zu allem schwiege, was Dich in Deiner Entwicklung einbremst.
Freunde bereden miteinander alles, man könnte psychologisch sagen: Freunde sind »dialogische« Menschen. Freundschaft ist nicht monologisch. Eine Freundschaft, in der immer nur einer redet, geht nur allzugern in Brüche.

Martin Buber, von dem ich Dir auch schon erzählt habe, hat zu diesem Punkt einmal gesagt: »Der Mensch wird nur am Du zum Ich.«
Das ist, wenn man an Freundschaft denkt, sehr verständlich. Der Freund hilft Dir im Gespräch, in der gegenseitigen Freundschaft, mehr Mensch, ja überhaupt Mensch zu werden. Und zu dieser Menschwerdung gehört auch eine freundschaftliche Kritik. Das kann so weit gehen, daß es weh tut. Aber je länger es dauert, desto besser merkt man, wie gut es auch tut. Das ist so wie bei einem guten Fußballtrainer, der gerade den Begabtesten, oft auch den, den er am liebsten mag, am härtesten kritisieren wird, weil er sich dort auch den größten Fortschritt erwarten kann.
Denk an diese Wahrheit für den Fall, daß Dir einmal eine Kritik sehr weh tut. Wenn sie von einem Freund kommt, wird sich der Schmerz eines Tages in positive Erkenntnis verwandeln, womöglich sogar in Freude. Es ist hier ganz ähnlich einem anderen Schmerz in der Freundschaft, jenem der längeren Trennung. Zuerst kann es furchtbar schmerzlich sein, bis man eben darauf kommt, daß Freundschaft nicht immer körperliche Nähe braucht. Im Gegenteil, es ist Zeichen für eine gute Freundschaft, daß man einander auch Platz läßt.
Der libanesische Philosoph Khalil Gibran schreibt in seinem Büchlein zu dieser Tatsache sehr treffend: »Auch die Säulen des Tempels stehen einzeln, und Eichbaum und Zypresse wachsen nicht im gegenseitigen Schatten.« Genauso fordert Gibran zwei Verliebte auf, in der Ehe einer dem an-

deren Platz zu lassen und den Wind wehen zu lassen zwischen den Ufern ihrer Seele.
Mir scheint das ganz wichtig zu sein. Eine Freundschaft darf keine Kette sein. Wir sind für den andern viel, aber weder Gott noch alles. Nur Gott kann für uns alles sein. Nach dem Tod der hl. Teresa von Avila hat man in einem ihrer Gebetbücher einen Zettel gefunden, auf dem stand: *»Solo Dios, basta!«* Gott allein genügt. Oder man könnte auch sagen: Nur Gott ist alles. Das ist eine wichtige Erkenntnis für einen Menschen, der glaubt, die wichtigste überhaupt.
Wenn man das nämlich weiß, dann kann man sich selbst besser einschätzen. Dazu braucht man auch die richtige Einstellung zu sich selbst, die auch mit einer Art Freundschaft gewonnen werden kann: der Freundschaft nach innen, der Freundschaft zu und mit sich selbst. Man muß sich selbst kennen, schätzen und einschätzen lernen, dann wird man auch besser die anderen einschätzen lernen. So wie es auch den umgekehrten Prozeß gibt. Indem wir einen anderen besser kennenlernen, lernen wir auch uns besser kennen. Wir alle haben ja den Slogan aus der Werbebranche im Ohr, der sogar für diesen Fall ein Quantum an Wahrheit enthält: »Der Vergleich macht Sie sicher.«
Lieber Thomas, wir sind hier an einem ganz wichtigen Punkt angelangt, einem Punkt, der auch in meiner Jugend eine große Rolle gespielt hat. Es geht darum, daß man bereit ist, sich selbst zu akzeptieren, sich anzunehmen. Ich war in meiner Jugend, so glaube ich, ein kritischer Mensch, auch ein selbstkritischer Mensch. Heute, also im nach-

hinein, kann ich viele der Fehler besser verstehen, die ich damals gemacht habe. Denn es ist sicher ein Fehler gewesen, daß ich die Kritik an mir, wenn auch unbewußt, nach außen transportiert habe. Ich weiß heute, daß ich die Fehler, die ich an mir selbst nicht beseitigen konnte, bei anderen zu beseitigen suchte. Zumindest habe ich ihre Schwächen ziemlich hart angegriffen. Heute weiß ich, es wäre gescheiter gewesen, bei mir selbst anzufangen. Ich wäre dann milder geworden im Urteil gegenüber anderen, vor allem weil ich eingesehen hätte, wie schwer es ist, sich zu ändern.
Aber es scheint so zu sein, daß man in der Jugend tatsächlich glaubt, es sei wichtiger, den Splitter im Auge des Nächsten zu entfernen, als den Balken aus dem eigenen. Das kommt wohl auch davon, daß man in der Jugend noch nicht ganz weiß, was und wie man nun wirklich ist. Diese Unsicherheit führt dazu, daß man sich so gibt, als wäre man seiner sicher. Und manch einer, der da zeigen will, wie stark er ist, zeigt in Wirklichkeit das Gegenteil. Wer wirklich »etwas« ist, muß es nicht zeigen, eines Tages weiß man es so oder so.
Angabe und Hochstapelei hingegen haben immer nur ein kurzes Leben. Sie können nur entstehen, wenn einem die Selbstkritik fehlt. Sie ist immer noch besser als Eitelkeit oder Selbstgefälligkeit. Selbstgefallen spiegelt etwas vor, was nicht ist. Selbstkritik führt zur Einsicht in die Wirklichkeit. Wer sich aber selbst Freund ist, der ist im rechten Maße auch stolz auf sich, schon allein deswegen, weil er ein Kind Gottes ist und nicht nur ein zufällig relativ haarlos sich bewegender »Nach-

Affe«. Auch ich glaube, daß es gut ist, daß wir ein »gesundes« Selbstbewußtsein entwickeln, Menschen mit Minderwertigkeitskomplexen tun sich sehr schwer in der Beziehung zu anderen Menschen. Wenn man mehr oder weniger weiß, wer man ist, kann man auch besser Freund sein. Aber das »Besser-Freund-Sein« setzt voraus, daß ich zu mir selbst positiv stehe, trotz all meiner Fehler.

Allerdings gibt es ein paar Zeitgenossen, die halten sich für fehlerlos und untadelig. Aber gerade das scheint mir ihr größter Fehler zu sein. Er hebt hundert kleine leicht auf. Ich vermute, es wird nicht leicht sein, diese »Fehlerlosen« von ihrem Fehler zu überzeugen.

Gerade dieses Problem stört manchmal eine Freundschaft, die doch so wichtig ist: die Freundschaft zwischen Eltern und Kindern.

Wenn Eltern, vor allem sind es hier die Väter, glauben, sie seien schon etwas und ihre Söhne und Töchter hätten ihnen daher nichts mehr zu sagen, ist ein wichtiger Weg zur Gemeinschaft, zu einem guten Einverständnis abgeschnitten. Wer sich aber nichts mehr sagen läßt, ist auch nicht mehr fähig, Freund zu sein.

Dabei wäre es so wichtig, daß Eltern und Kinder einander Freunde sind. Die Familie ist die beste Schule fürs Leben, und wenn Freundschaft in der Familie funktioniert, kann man sie auch besser außerhalb der Familie üben und pflegen. Freundschaft zwischen Eltern und Kindern hat auch noch eine ganz wichtige Besonderheit: bei ihr kann man sich die Freunde nicht aussuchen. Die Beziehung ist von vornherein gegeben; Aufgabe der Eltern und Kinder ist es dann, aus der verwandtschaftlichen eine freundschaftliche zu machen. Ebenso gibt es auch die Freundschaft mit Geschwistern, und auch die kann man sich nicht aussuchen. Aber man kann einander Freund werden oder, wie das Leben es beweist, auch das Gegenteil.

Schon in einer Familie zeigen sich dann verschiedene Arten der Freundschaft. Es zeigt sich, daß es zugleich mehrere Freundschaften gibt, jede anders gelagert. Daneben auch noch sogenannte Spezialfreundschaften. Aber sie sind oft nur von begrenzter Dauer. Es wird meist aber so sein, wie Du es jetzt erlebst. Da genügt es, daß man eine Freundin hat, und man vermißt kaum oder gar nicht, daß zur Zeit kein anderer Freund existiert. Die zwei genügen sich. Und es ist fast atemberaubend, zu sehen, wie Freundschaft genügsam macht. Man ist da in einer Phase, in der man, wie die Teresa von Avila, einfach sagen möchte: Solo Monika oder Thomas oder ... oder ... basta!

Aber es gibt auch das andere. Du hast noch Freunde, oder Dein Freund hat noch Freunde. Nicht umsonst redet man von Freundeskreisen. Und es ist für mich immer interessant gewesen, ja sogar faszinierend, wie vielgestaltig Freundschaft sein kann. Da sehen verschiedene Menschen an einem Menschen ganz verschiedene Seiten, und doch kann aus diesen verschiedenen Erkenntnissen Freundschaft wachsen.

Und was noch faszinierender ist: Freundschaft, die nicht eifersüchtig ist. Echte Freundschaft ist stolz auf einen Freund, plagt ihn aber nicht mit

dummer Eifersucht. Ich glaube, wenn man einen Freund verlieren will, dann muß man nur eifersüchtig sein oder glauben, er habe nur für einen dazusein. Oft ist es fast lustig, zu sehen, wie Freunde eifersüchtig sind, wie sie nicht verstehen können, daß andere auch noch etwas Liebenswertes an dem Freund finden, von dem sie glauben, er müsse der einzige sein. Oder sie fühlen sich verunsichert, wenn sie erkennen, daß ihr Freund noch andere Freunde hat, an denen er etwas findet, was sie überhaupt nicht sehen. Ja, es gibt manche, die bis zu den folgenden absurden Gedanken kommen: Ich muß wenig wert sein, wenn es mir nicht gelingt, alle anderen Freunde bei ihm auszustechen und vergessen zu machen.
Ich bin überzeugt, daß das noch nicht die echte Freundschaft ist. Es sind Vorstufen: die eifersüchtige Freundschaft oder jene Freundschaft, bei der man sich selbst überschätzt und deshalb darunter leidet, daß man nicht Zentralpunkt jeder Beziehung ist. Die echte Freundschaft kann sich freuen, daß der Freund auch noch andere Freunde hat. Was nicht heißt, daß es nicht auch Freunde gibt, denen eine »Zweiergemeinschaft« genügt.
Eines darf man auch nicht vergessen. In jeder Freundschaft gibt es etwas Spezielles. Auch wenn Du mehrere Freunde hast, verbindet Dich mit jedem etwas ganz Eigenes, und in diesem Punkt ist er dann nur, und dies ganz, Dein spezieller Freund. Und in dieser Tatsache steckt allein so viel Freude, daß sie das ganze Leben froh machen kann.
Getrübt und unfroh wird die Freundschaft, wenn

sie mißbraucht wird. Du hast ja sicher schon das Wort »Hausfreund« gehört. Das ist dann so ein Fall, wenn beispielsweise der Freund Deiner Freundin ihr mehr sein will als ein Freund, wenn er zum Freier wird, oder wenn Du als Verheirateter eine Freundin hast, die mehr als bloß Deine Freundin sein will. Dann gibt es große Verwirrungen, dann gibt es Probleme, dann gibt es Konflikte, die kaum oder gar nicht mehr zu lösen sind. Unser Herz kann durch so manches Ereignis im Leben traurig werden, aber besonders traurig wird es durch Verrat an der Freundschaft. Und ich glaube, nirgends ist so viel Falschheit im Spiel, als wenn man Freunde verrät.
Lieber Thomas, der Brief ist lang geworden. Ich hoffe, für Dich nicht zu lang. Aber mir scheint, Freundschaft ist etwas so Wichtiges, daß man darüber reden muß. Dann aber, wenn man geredet hat, soll man schweigen und Freundschaft tun.
Grüß die Monika von mir. Ich hoffe, daß Eure Freundschaft viel von dem hat, was wir miteinander überlegt und erkannt haben.

Dein G. P.

Brief 6

an Uschi, die Angst vor der Zukunft hat. Titel:

Verlass uns nicht auf unserem Weg in die Zukunft

Liebe Uschi, Dein Brief hat mir Kummer bereitet, weil ich aus ihm viel Angst herausgelesen habe. Ich weiß nicht, wieso, aber die Angst von Euch jungen Menschen macht auch mir Angst. Und der Brief, den ich Dir jetzt schreibe, ist für mich eine Hilfe, mich gegen die Angst zu wehren.

Ich weiß, es steht schon schlimm um unsere Welt, von der ich weiß, daß Du sie liebst. Und gerade das Bewußtsein, daß wir etwas lieben, verleitet uns dazu, Angst zu haben. Meine Mutter hat einmal zu mir gesagt: »Solange es Tag ist, bilde ich mir ein, daß ich überhaupt nicht ängstlich bin, sobald aber die Sonne verschwunden ist, wenn es dunkel wird und der Tag später, wachsen in mir Sorge und Angst, und ich kann dann zum Beispiel nicht schlafen, bis ich nicht höre, wie das letzte von euch Kindern nach Hause gekommen ist.« Ich glaube nun, daß diese »mütterliche« Sorge sich ausdehnt, und sie dehnt sich besonders auf Gedanken an die Zukunft aus.

Dabei bin ich aber der Meinung, daß Sorge und Angst, so berechtigt sie sein mögen, die Gefahr in sich tragen, mutlos zu machen, einen so weit zu bringen, daß man nicht mehr will. Angst bedeutet für viele Menschen auch Streß, und unter diesem Streß verliert man die Übersicht. So wie das Ka-

ninchen im Eck nur noch die Kobra sieht und nicht mehr die zwei Möglichkeiten links und rechts, um zu fliehen. Davon zu reden, daß es ja selbst auch scharfe Zähne hätte, wollen wir hier unterlassen, weil das arme Häslein schon biologisch und genetisch mit dieser Feststellung überfordert wäre. Es würde wohl noch mehr erschrekken, wenn es aufgefordert würde, sich zu wehren. Denn es hat das »Sich-Wehren« nie geübt. Aber glaube mir – ich weiß, das ist rein theoretisch gesagt –, sobald man es dazu bringt, es überzeugt, daß es sich wehren kann, wird man mit der Gefährlichkeit eines Häschens rechnen müssen.
Dafür gibt es in der jüngsten Geschichte Beispiele genug. Und Länder wie Polen, Ungarn, die Tschechoslowakei und der östliche Teil von Deutschland sind Musterbeispiele dafür, wie Häslein gefährliche Kobras verjagen konnten, indem sie an sich selbst glaubten.
Ich glaube nun, daß diese historisch so wichtigen Vorgänge sogar Muster für viele, ja sogar alle Bewegungen sein können, die sich wehren wollen. Es geht dabei nicht um ein »Sich-nur-allgemein-wehren-Wollen«, sondern um das Wehren für eine bessere, friedlichere Welt.
Der erste Schritt dazu aber ist der Abbau von Angst. Der zweite, so scheint mir, ist der Aufbau eines positiven Glaubens an die Zukunft. Allerdings, so kommt mir vor, muß man sich fragen, was die Zukunft ist. Ich habe nämlich den Eindruck, daß heute sehr viele von der Zukunft *reden.* Aber Zukunft ist eine Folge nicht von Gerede, sondern von Tun – oder Nichtstun. Aller-

dings kann man unter Gerede auch Nichtstun verstehen, dann wäre die Zukunft auch eine Folge von Gerede, von Blabla, von »future Blabla«.
Zukunft ist ja etwas, was nur in der Vorstellung existiert, deshalb ist auch die Gefahr so groß, sie durch Vorstellungen herbeizaubern zu wollen. Was nicht geht. Die Zukunft kann man nicht, so wie ein Magier sein Täubchen oder Häschen, aus dem Zylinder zaubern. Zukunft ergibt sich aus einem riesigen Haufen bewältigter oder nichtbewältigter Vergangenheit plus einem winzigen Anteil Gegenwart.
Und die Gegenwart beweist es: zwei Dinge sind es, die Angst vor der Zukunft machen, die Fehler der Vergangenheit und die Unterlassungen der Vergangenheit. Wobei überhaupt nicht geklärt ist, was schwerwiegender ist, Fehler oder Unterlassungen.
Ich bin mehr einer von denen, die der Unterlassung, also der Faulheit, eher Schuld zuteilen als dem Fehlerhaften. Meine Gründe habe ich schon in den frühesten Geschichten der Menschheit gefunden.
Du hast sicher schon vom Buch Genesis gehört. Es ist das erste Buch des Alten Testamentes und nicht ein Notenbuch der berühmten Band mit gleichem Namen. Am Anfang steht darin die Erzählung von der Erschaffung der Welt. Jene Erzählung, die ein paar mit einem Kapitel aus einem Naturgeschichtebuch verwechselt haben. In dieser wunderschönen Erzählung also, die uns sagen will, daß die Welt, unsere Welt, Gott zum Schöpfer hat, steht auch die Geschichte von der Verfüh-

rung von Adam und Eva durch die Schlange. Sie ist nun für mich ein Musterbeispiel dafür, wie die Sünde von Anfang an aussieht. Da geht es nicht so sehr darum, daß man im Apfel ein Sexsymbol sehen soll und daß die Sünde des Menschen vor allem ein Verfehlen in der Sexualität gewesen sei. Denn im Urtext steht nichts von einem Apfel, und es besteht auch der berechtigte Verdacht, daß der, der diese Geschichte geschrieben hat, die Äpfel unserer Art gar nicht kannte. Aber das ist nun auch wieder nicht so wichtig. Wichtig ist vielmehr, daß der Mensch am Anfang seiner Entwicklung lieber den Einflüsterungen einer Schlange als dem wohlmeinenden Wort seines Schöpfers geglaubt hat.
Die Sünde des Menschen besteht also in seiner Faulheit, in seiner Bequemlichkeit. Statt selbst zu entscheiden, verläßt er sich auf eine Kreatur, die wertmäßig unter ihm liegt.
Und bis heute hat sich da nicht viel verändert. Wir Menschen sind nach wie vor auf Bequemlichkeit aus und glauben fremder Werbung und Propaganda, die uns sagen, wir sollen etwas tun, um diese Welt im wahrsten Sinn des Wortes zum Teufel gehen zu lassen, mehr als unseren Eingebungen. Oder auch das ist möglich: Wir behaupten, Gott habe gesagt: Macht euch die Erde untertan. Und dieses »untertan« verstehen wir so, daß wir das Recht haben, mit ihr zu tun, was wir wollen, da ist mit eingeschlossen, wir hätten das Recht, sie auch kaputtzumachen.
Bei dieser Geschichte muß ich immer an meine Jugendzeit denken. Ich war damals zu Erholungs-

zwecken in der Schweiz. Und ab und zu war ich bei einer Familie, die einen lieben Buben hatte. Er hatte einen schönen Sandkasten, und ich habe ihm Burgen aus Sand gebaut. Und kaum hatte ich eine fertig, kam die Frage: »Onkel Guschtl, darf i sie widr kabutte?«

Da schenkt uns Gott ein schönes Gebäude, und unser erstes Problem ist es dann, wie wir es wieder zugrunde richten könnten. Und weil wir Menschen so sind, glaube ich, ist es verständlich, wenn viele Menschen heute Angst haben, wir Menschen würden unser Menschsein als Auftrag zum Zerstören verstehen, würden als Menschen glauben, Triebe seien da, um sie auszuleben. Nun gibt es wohl den sehr starken Zerstörungstrieb. »Auch er muß zu seinem Recht kommen«, sagt man also, und deshalb müsse man in Kauf nehmen, daß man diesen Trieb befriedigt, es könnte ja sonst ein Frust aufkommen, und das müsse man verhindern. Zum Glück kann ich daran glauben – und zum Glück gibt es die Menschen, die es vorleben –, daß man die Triebe auch sublimieren kann. Man kann und soll den Zerstörungstrieb in einen Spieltrieb verwandeln, es gibt so viele Spiele und Sportarten, es könnte sich ein jeder austoben. Es ist viel besser, man tritt einen Ball, als daheim Frau und Kinder. So wie es viel besser ist, ein paar Gläser zu zerschlagen, als irgendeinen harten Gegenstand auf dem Kopf eines Gegners.

Liebe Uschi, Du siehst schon, worum es mir bei der Zukunft geht: es geht mir um ein gemeinsames Sich-Wehren, es geht um ein gemeinsames Tun für eine friedlichere Welt, für eine gerechtere

Welt, für eine menschlichere Welt. Für eine Welt, wie Gott sie gedacht hat, und nicht eine, die wir für uns Menschen zum Spielball ausgesucht haben. Und es gibt ja Menschen, die sich wehren, es gibt Einrichtungen wie den Club of Rome, es gibt Amnesty International, es gibt Green Peace, es gibt überall Bewegungen für einen gewaltlosen Widerstand gegen Ungerechtigkeit, Terror und tyrannische Regime.

Mich hat es sehr gefreut – gerade die Bewegungen der letzten Zeit haben es bewiesen –, wie gewaltig Gewaltlosigkeit sein kann. Aber sie ist vor allem dann gewaltig, wenn sich die Gewaltlosen zusammentun. Einig sind sie stark. Allein wird der Gewaltlose meistens vernichtet. Ein Musterbeispiel dafür haben wir ja in Jesus von Nazareth. Er kam als Gewaltloser zwischen die Mühlräder der Mächtigen, der religiös Mächtigen und der politisch Mächtigen, und wenn sich diese beiden Gruppen vereinen, dann sind sie besonders mächtig und besonders tödlich. Das haben geschichtliche Ereignisse gezeigt, die wir als Christen wieder beklagen müssen: etwa die Hexenprozesse und die Inquisition. Aus Jesu Tod hätten die Menschen eigentlich lernen sollen, solche Gewalt nie mehr zu gebrauchen. Aber wir sehen, zu welchen Mißverständnissen der Mensch, selbst der Christ, neigen kann. Ich bin der Überzeugung, wir Christen werden noch länger brauchen, bis wir begreifen werden, was Jesus wirklich wollte. Dabei wäre es leicht, aus seinen Büchern herauszulesen, was er wollte, denn bei ihm sind ja Wollen und Tun zusammengefallen. Und je mehr Wollen und Tun auch bei uns zusammenfallen, desto menschlicher wird die Welt werden, aber auch desto göttlicher. Denn Jesus wollte, das hat er ja oft und oft gesagt, den Willen des Vaters tun, und der war Hilfe für die Menschen, Freundschaft für die Menschen und unter den Menschen und ein Friede, der entsteht, wenn es mehr Gerechtigkeit gibt. Und damit das alles werden kann, muß man bei sich selbst beginnen, die alten Fehler abzustellen, muß man sich nach dem Neuen, nach dem Besseren und Menschlicheren umsehen und nicht einfach das nachbeten, was ist.

Es gibt ein Buch im Alten Testament, in dem ganz bemerkenswerte Dinge stehen. So die folgenden Worte:

Alles hat seine Stunde. Für jedes Geschehen unter dem Himmel gibt es eine bestimmte Zeit:

Eine Zeit zum Gebären / und eine Zeit zum Sterben / eine Zeit zum Pflanzen / und eine Zeit zum Abernten der Pflanzen,

eine Zeit zum Töten / und eine Zeit zum Heilen, / eine Zeit zum Niederreißen / und eine Zeit zum Bauen,

eine Zeit zum Weinen, / und eine Zeit zum Lachen, / eine Zeit für die Klage / und eine Zeit für den Tanz;

eine Zeit zum Steinewerfen / und eine Zeit zum Steinesammeln, / eine Zeit zum Umarmen / und eine Zeit, die Umarmung zu lösen,

eine Zeit zum Suchen / und eine Zeit zum Verlieren, / eine Zeit zum Behalten / und eine Zeit zum Wegwerfen,

eine Zeit zum Zerreißen / und eine Zeit zum Zu-

sammennähen, / eine Zeit zum Schweigen / und eine Zeit zum Reden,
eine Zeit zum Lieben / und eine Zeit zum Hassen, / eine Zeit für den Krieg / und eine Zeit für den Frieden. (Kohelet 3, 1–8)

Das ist nun ein wunderschöner Text, aber wenn man ihn genau betrachtet, auch ein unerbittlicher Text. Und es gibt nicht wenige Deuter dieses Textes, die ihm einen hohen Wert zugeschrieben haben.

Ich wehre mich allerdings gegen einige Zeilen, denn ich hoffe, daß das, was da so scheinbar leicht in Gegensätzen niedergeschrieben ist, auch neu überdacht werden darf und soll.

Ich hoffe nämlich, daß es möglich ist, diesen scheinbar unabänderlichen Wechsel von Plus und Minus zu durchbrechen und die Zeiten des Hasses, des Krieges, des Mißtrauens zu verkürzen zugunsten längerer Phasen des Friedens, eines Tages sogar womöglich der Liebe. Ich hoffe stark, daß der Mensch ein Wesen ist, das sich ganz auf die Seite des Lebens, auf die Seite des Friedens und des Verständnisses schlagen kann. Es ist eine Frage der Entwicklung, und ich glaube an die Entwicklung zum Guten. Das Vertrauen dafür habe ich vor allem von dem Jesuitenpater und Philosophen Teilhard de Chardin gelernt, der die Theorie entwickelt hat, daß der Mensch sich immer mehr von der »Tierähnlichkeit« entfernt und immer geistiger, auch immer religiöser wird, das insofern, als in ihm durch das Vorbild Jesu von Nazareth auch die »Gottähnlichkeit« immer mehr zum Durchbruch kommt.

Ich glaube, daß das gar nicht so schwer zu verstehen ist, obwohl sich manche von Teilhards Büchern nicht so leicht lesen lassen, was Dich aber nicht abhalten soll, so es Dich interessiert, eines zu lesen, wenn es Dir in die Hände kommt. Eines davon zum Beispiel heißt »Der göttliche Bereich«, und gerade aus diesem kann man viel Liebe zu dieser Welt herauslesen.
Teilhard de Chardin ist für mich ein wahrer »Grüner«. Er geht nämlich davon aus, daß diese Welt liebenswert ist, deshalb vor allem liebenswert, weil sie von der Liebe Gottes geschaffen ist, sich zu entwickeln. Und was aus Liebe geschaffen ist, ist schon von seiner Basis her gut. Daß es in der Entwicklung auch Fehler gibt, ist klar. Das sieht man ja an allen Ecken und Enden. Es geht aber um die Hauptrichtung der Entwicklung, und die geht hin zum Guten, geht hin zur Vollendung.
Theilhards Ideen sind daher auch geeignet, uns die Angst zu nehmen, es treibe die Welt ihrem »Untergang« entgegen. Ich bin dankbar, daß es diesen Optimismus gibt, der uns hoffen läßt, daß alles gut ausgeht und nicht die Unglückspropheten recht haben, sondern jene, die unseren Glauben an die Zukunft stärken und uns zu einem zukunftsgerichteten Handeln motivieren. Das ist auch die Einstellung, aus der heraus ich Dich darauf aufmerksam mache, daß Angst für ein zielgerichtetes Handeln keine gute Basis ist. Da ist der Mut schon das bessere Argument.
Wir müssen in unserer Zeit wieder lernen, die Zähne zusammenzubeißen, müssen lernen – um noch einmal mit Kohelet zu reden –, daß es keine

Zeit des Rückzugs, der Resignation und der Verzweiflung geben muß. Auch keine Zeit, da man mit Steinen des Vorwurfs auf die andern wirft, sondern einfach nach Steinen sucht, um eine tragfähige Brücke zu bauen, auf deren anderer Seite eine menschlichere Zukunft wartet.
Ich habe den Eindruck, und ich fühle dabei auch Traurigkeit und Schmerz, daß es Menschen gibt, sogar gescheite Menschen, die bewußt versuchen, Angst zu verbreiten, indem sie auf uns einreden, der Untergang der Welt stehe kurz bevor. Einige machen mit dieser Weltuntergangsstimmung auch Geld. Traurig bin ich deshalb, weil ich glaube, daß sie damit den höchsten Wert des Menschen bekämpfen und dem größten Feind in die Hände arbeiten. Indem sie dem Leben Zukunft absprechen, werden sie zu Advokaten des Todes. Nun ist aber der Tod genau jenes Ereignis, das zu überwinden das Christentum angetreten ist. Unser Glaube, unser christlicher Glaube ist im Grunde ja nichts anderes als die frohmachende Nachricht, daß dieser Tod, der sich da so unerbittlich in der Welt Platz schafft, schon besiegt ist. Und was er in dieser Welt noch als Tragödie inszeniert, ist nur noch das Rückzugsgefecht eines Diktators, der mit seiner Armee bereits geschlagen ist.
Liebe Uschi, ich hoffe, Du kannst mich jetzt besser verstehen, wenn ich sage, daß es so wichtig ist, daß wir uns auf die Seite des Friedens und der Liebe schlagen, denn sie sind unsere stärksten Waffen gegen den Tod – sie und der Glaube, der uns sagt, daß wir auf Gott, auf seine Liebe und sein ewiges Leben vertrauen dürfen.

Du wirst mir vielleicht vorwerfen, ich sähe die Dinge der Zukunft zu rosig und das Bemühen der Mahner zu schwarz. Was ich nicht glaube. Ich weiß sehr um die Gefährdung des Lebens, ich weiß mehr, als Du glaubst, um das Bemühen der satanischen Kräfte, die Zerstörung der Welt voranzutreiben. Ich weiß um die Riesensummen für die Rüstungsindustrie und um die kleinen Spenden, die verhindern sollen, daß tagtäglich 40 000 Kinder in unserer Welt verhungern müssen, nur weil wir entweder zu faul, zu geizig oder zu phantasielos sind, um die noch reichlich vorhandene Nahrung so umzuverteilen, daß alle etwas zu essen haben.

Ich weiß auch um die Atomindustrie, die die Gesundheit und das Leben vieler, vieler Menschen bedroht. Ich weiß auch um die Problematik der menschlichen Vernunft, um die Gefahr, daß da ein Mächtiger durchdreht, auf den Knopf drückt und dafür sorgt, daß überall Schweigen herrscht, radioaktives Schweigen. Ich weiß um diese Dinge, aber die Angst davor ist nicht so stark, darf nicht so stark sein wie der Glaube daran, daß Gott diese Welt erschaffen hat, daß er das Gute in sie gelegt hat und daß auch im menschlichen Geist und seiner Erfindungsgabe so viel Kraft steckt, daß er einen Ausweg findet aus der Gefahr, wie es im Brief an die Hebräer, einem Schreiben an frühe Christen, die viel Angst vor Verfolgung gehabt haben, steht:

Darum macht die erschlafften Hände wieder stark und die wankenden Knie wieder fest, und ebnet die Wege für eure Füße, damit die lahmen

Glieder nicht ausgerenkt, sondern geheilt werden. (Hebr. 12, 12–13)

Und was da von den lahmen Gliedern gesagt wird, gilt sicher auch für die Hirnwindungen, wir sollten sie wieder geradebiegen. Und wir sollten vor allem auch das tun, was schon Jahrhunderte vor dem Hebräerbrief der Prophet Jesaja seinem Volk in sehr ähnlichen Worten gesagt hat:

Macht die erschlafften Hände wieder stark und die wankenden Knie wieder fest.

Sagt den Verzagten: Habt Mut, fürchtet euch nicht! (Jesaja 35, 3–4)

Mit diesem Aufruf, der also schon uralt ist, aber zugleich aktuell wie nie zuvor, möchte ich meinen Brief schließen. Ich wünsche Dir viele hoffnungsvolle Tage, die Dir viel Mut schenken sollen und Kraft, weiterhin für unsere geliebte Welt zu arbeiten.

Dein G. P.

Brief 7

Antwort an Gerda, die gemeint hat, es sei auch im Christentum möglich, an eine Wiedergeburt zu glauben. Titel:

Einmal Prinzessin, einmal Hexe, einmal Heilige!

Liebe Gerda, ich bin froh, daß Dir unser letztes Gespräch keine Ruhe gelassen hat und Du noch einmal nachfragen möchtest, wie ich das alles gemeint habe. Ich wäre ganz froh, wenn Du den Brief auch dem Hannes zeigen könntest. Ich glaube, er war ein wenig durcheinander, weil ich nicht mit allem einverstanden war, was er so begeistert vorgetragen hat. Ich habe ja gestaunt, was aus ihm so alles hervorsprudelte, er ist ja sonst nicht der, der viele Worte macht. Ich glaube vielmehr, daß ihn die Sache sehr berührt und die Begeisterung ihm die Zunge löste. Ein bißchen erinnerte er mich an eine Filmszene, die ich besonders mag. Niko Kasantzakis, der bekannte griechische Poet, hat einen Roman geschrieben: »Die griechische Passion«. Er ist auch verfilmt worden, mit Melina Mercouri und anderen guten Schauspielern. Im Roman kommt ein Hirte vor, Manolios. Er stottert. Trotzdem wählen die Leute in seinem Dorf ihn für die Rolle des Jesus in dem Passionsspiel aus, das sie aufführen wollen. Ins Dorf kommen Flüchtlinge, die Leute wollen sie aber nicht aufnehmen, weil sie fürchten, sie bekämen Probleme mit der türkischen Besatzungs-

macht. Das Dorf ist nämlich von den Türken besetzt.
Nun setzen sich einige Bewohner, vor allem die Passionsspieler, für die Flüchtlinge ein, und Manolios macht sich zu ihrem Hauptsprecher. Und nun kommt die bewußte Filmszene: Wie er seine große Ansprache hält, verliert er sein Stottern und kann reden, und wie! Er kann die Bewohner überreden, für die Flüchtlinge zu sammeln, damit sie nicht verhungern müssen.
Ähnliches hat sich auch beim ersten Pfingstfest in Jerusalem abgespielt. Auch von da wird berichtet, daß die Apostel in ihrer Begeisterung so redeten, daß es klang, als würden sie in der Landessprache der Zuhörer reden, und die, heißt es, seien von überall aus der damals bekannten alten Welt rund um das Mittelmeer gekommen.
Begeisterung löst die Zunge und hilft, besser zu reden. Das steckt wohl auch in dem alten Spruch: Wes das Herz voll ist, des geht der Mund über. Aber es wird wohl jetzt nötig sein, zum Kern der Sache zu kommen. Sonst sieht es so aus, als ob ich Dir eine Schulstunde über begeistertes Reden halten möchte, was ich nicht will. Dagegen würdest Du Dich sicher wehren, weil Du ja auch große Bedenken gegenüber dem Schulsystem geäußert hast. Nun bin ich aber überhaupt kein Fachmann für Schulsystemreformen. Wahrscheinlich könnte ich nur Plattheiten von mir geben, die ich irgendwo herausgelesen habe.
Wenn ich ganz ehrlich bin, ich war selbst auch nicht glücklich in der Schule. Es gab Tage, da bin ich gerne in die Schule gegangen. Aber ich war

immer einer von denen, die in der Schule nur ein Mittel zum Zweck sahen. Ich wollte schon etwas lernen, ich wollte schon etwas erfahren, und die Schule war der Weg zu diesen Erfahrungen, sogar der gesetzlich vorgeschriebene. Da ich aber schon als Kind unter Ungerechtigkeiten sehr gelitten habe, durchlebte ich oft bittere Stunden, weil ich nicht allzu viele »gerechte« Lehrer fand. Vielleicht waren sie viel gerechter, als ich meinte, aber ich war blind für diese Art der Gerechtigkeit. Dazu kam, daß ich einer von den Schülern war, die man nicht zum Lernen zwingen mußte. Nun gab es aber Lehrer, die es trotzdem mit Zwang versuchten, was bei mir nur zur Resignation führte, nie aber zu mehr Fleiß. Gelernt habe ich für andere und bei anderen mehr.

Muster dafür waren meine zwei Geographielehrer in der Mittelschule. Der eine hat fast mit sadistischer Freude Strenge geübt, aber ich habe deswegen auch nicht mehr bei ihm gelernt, im Gegenteil, ich verlor fast die Freude an dem Fach, das eines meiner Lieblingsfächer war. Der zweite, den ich hatte, war, wie ich es heute sehe, der beste Lehrer, den ich überhaupt je gehabt habe. Auch er übte, wenn auch gespielte, Strenge, aber was er vor allem hatte: er war von seiner Aufgabe begeistert. An ihm hat man den Wahrspruch gesehen und gespürt: Nur Ergriffene ergreifen. Er liebte sein Fach, und es bedeutete ihm Freude, uns sein Wissen zu vermitteln. Ich bin ihm heute noch dankbar und sehe ihn ebenso deutlich vor mir wie jenen Professor auf der Uni, der mir Kirchengeschichte in der gleichen Weise beigebracht hat.

Ich möchte Dir wünschen, Du hättest auch ein paar Lehrer von dem Kaliber.
Ist es dann verwunderlich, wenn es Schüler gibt, die sich schulischer Probleme wegen aus dem Leben stehlen? Das passiert vor allem auch dann, wenn einer merkt, daß er von den Erziehern nicht als Mensch akzeptiert wird, sondern für sie nur zur problemlosen Wissensvermittlung mehr oder weniger geeignetes Material ist. Und es ist auch deshalb möglich, weil es einen Trend gibt, den Lehrerberuf einfach als Job zu sehen. Wenn aber Pädagogik nur zu einer Möglichkeit, sogar einer angenehmen Möglichkeit (wegen der vielen Ferien), wird, Geld zu verdienen, dann ist die Gefahr groß, daß der »Jobber« zum Menschenfeind wird. Weil ihn alles stört, was seinen Job erschwert. Und Schüler sind bisweilen beschwerlich. Das kann man als Religionslehrer beinhart erfahren, weil doch der Religionsunterricht das einzige Fach ist, von dem man sich abmelden kann, ein paar aber doch drinbleiben und sich dann erwarten, sie dürfen dort tun, was sie wollen.
Ich habe Schüler gehabt, die mir nach Jahren gestanden, wie froh sie gewesen seien, daß sie in meiner Stunde ab und zu ein wenig »durchdrehen« durften. Das mag nun für den Schüler wirklich schön sein und ihm guttun. Der Religionslehrer, der auch nur ein Mensch ist und nur ein begrenzt strapazierfähiges Nervenkostüm hat, kann sehr unter solchem Freiheitsdrang leiden. Er braucht dann viel Kraft, um als Lehrer und Christ Menschenliebe und Geduld zu zeigen.
Es kommt ja noch hinzu, daß es nicht leicht ist,

Religion zu unterrichten, der »Gegenstand« ist ja doch etwas ganz anderes als in den übrigen Fächern. So überzeugt man davon auch sein mag, es tut dann weh, wenn man merkt, mit wieviel Desinteresse manche Schüler in der Klasse sitzen. Ich bin mir dann immer ein wenig wie der Wasserverkäufer in Bert Brechts Theaterstück »Der gute Mensch von Sezuan« vorgekommen. Der versucht, zur Regenzeit Wasser zu verkaufen. Da gibt es aber Wasser in Fülle. Wirtschaftlich leben ja auch die meisten Menschen hier bei uns in einer Regenzeit. Wir haben alles, was brauchen wir da noch einen Gott, noch dazu einen, den man zum Lückenbüßer degradiert hat? Erst dann, wenn uns etwas fehlt, etwas abgeht, dann soll Gott sich in dieses Loch setzen, und dann ist alles wieder ausgefüllt und der Mensch getröstet.

Aber diese Vorstellung eines »Lückenbüßergottes« ist ein gleich großes Mißverständnis wie die von Gott als einem übermächtigen Polizeigeneral, der alle Geheimnisse kennt und die Übertreter seiner Vorschriften bestraft.

Nun kann es vorkommen, daß sich ein verzweifelter Religionslehrer auf diesen Polizistengott spezialisiert und sich dann wundert, wenn die Jugendlichen ihm überhaupt nicht mehr zuhören oder sich vom Religionsunterricht abmelden. Das aber nicht deswegen, weil die Sache Gottes uninteressant wäre, sondern weil ein Gottesbild vermittelt wird, das bei ihnen Widerspruch hervorruft. Daran ist aber nicht Gott schuld, sondern der, der ihn so ungenügend verkündet.

Zur Ehrenrettung der meisten Religionslehrer, die

ich hatte, muß ich aber sagen, sie haben sich sehr bemüht, einen Gott zu lehren, an den man wirklich glauben kann.
Deshalb ist es nicht sinnlos, wenn man den Religionsunterricht besucht. Weil man erstens schon aus der Geschichte des Glaubens und der Kirche etwas lernen kann. Dazu kommt, daß, wenn man an Gott glauben kann, der Glaube das Leben sehr bereichert. Man sieht das am Leben der Heiligen. Denen war nie langweilig, die haben sich auch nicht fragen müssen, wozu sie auf der Welt sind, weil es immer sinnvoll ist, für Menschen zu arbeiten und an den zu glauben, der unser verständnisvoller Freund ist.
Wenn nun aber der Religionsunterricht langweilig sein sollte, gäbe es ja auch noch die Möglichkeit, sich darin zu üben, Langeweile zu ertragen. Du wirst sehen, manches im Leben sieht langweilig aus, befaßt man sich damit aber näher, hat man die Chance, Langeweile durch Interesse zu ersetzen. Außer natürlich, es wäre ein Religionsunterricht so schlecht, daß man dabei den Glauben verliert. Wenn es so ist, bin ich allerdings auch der Ansicht, daß es besser gewesen wäre, nicht hinzugehen und nichts Negatives über Gott zu erfahren. Man hätte dann wenigstens die Chance, sich den Glauben durch Information außerhalb des Religionsunterrichts aufzubauen.
Diese Möglichkeit gibt es. Es gibt gute und gescheite Bücher, ebensolche Vorträge und auch persönliche Begegnungen, die unseren Glauben stärken oder erst so richtig wecken. Es gibt die Bildungshäuser und Jugendzentren, auch sie ha-

ben oft ein reiches Angebot an Möglichkeiten, den Glauben kennenzulernen.
Aber einen großen Vorteil hat der Religionsunterricht in der Schule schon. Man bekommt die Information und das Wissen um die Religion zu einer Zeit vermittelt, da es noch leichter ist, sich den Stoff anzueignen. Später tut man sich schwerer und braucht schon viel Motivation, sich freiwillig um eine glaubens- und wissensmäßige Bereicherung zu bemühen. Die Gefahr ist groß, daß man sich statt dessen eine verworrene Glaubenswelt aufbaut, die nicht selten chaotischer ist als die Erde am Beginn ihrer Entwicklung.
Dieses fehlende Wissen, glaube ich, ist oft schuld daran, daß Jugendliche in Religionen oder in religiöse Zirkel abwandern, die ihnen sehr wohl sagen, wo es langgeht. Und dieselben Schüler, die sich gegen den Religionsunterricht so gewehrt haben, fallen nun einem Guru zum Opfer, dem sie sogar ihre Freiheit opfern – jene Freiheit, die vorher das am meisten verteidigte Gut war. Die im Religionsunterricht vor Desinteresse strotzten, verteidigen nun fanatisch Glaubensinhalte, die sie früher belacht hätten.
Mir tut es immer weh, wenn ich von solchen »Bekehrungen« erfahre. Und ich weiß auch, wie sehr manche Eltern – und nicht nur die Kirche – darunter leiden, daß junge, liebe Menschen sich unter religiösem Zwang und psychologischer Beeinflussung total verändern, sich von einem »natürlichen« Glauben immer mehr entfernen und bereit sind, Dinge zu tun und zu glauben, die mehr des Teufels als Gottes sind.

Liebe Gerda, ich muß trotz der traurigen Gedanken, die ich jetzt geäußert habe, vor mich hinlächeln, weil mir plötzlich in den Sinn kommt, worüber ich Dir eigentlich schreiben wollte, nicht über die Schule, obwohl die ja, wie Du merkst, auch irgendwie damit zusammenhängt, sondern über die Ansicht, die Ihr in der Schule besprochen habt und die dann damals am Abend unser langes Gespräch bestimmt hat. Nämlich die heute immer mehr verbreitete Ansicht, fast muß man sagen Glaubensansicht, daß es möglich sei, auch im christlichen Glauben eine Wiedergeburt anzunehmen. Daß man also glauben dürfe, man sei einmal eine Prinzessin, ein andermal ein Bäcker gewesen, und jetzt bin ich eben die Schülerin G. oder der Schüler H., die das auch wiederum vorläufig sind und je nachdem, wie sie in diesem Leben gelebt haben, im nächsten etwas Höher- oder Tiefergestelltes sein werden.

Dieser sich verbreitende Glaube an eine Wiedergeburt ist sicher eine Folge davon, daß wir Menschen in Europa uns mehr Informationen über Religionen und Weltanschauungen im Orient besorgen können. Früher waren diese Informationsmöglichkeiten beschränkt, nur weitgereiste oder gebildete Menschen haben etwas über andere Religionen erfahren, ansonsten wußte man das, was man aus Predigten wußte, später aus Büchern, doch auch die waren eher christlich geprägt. Heute ist das anders. Zeitschriften, Bücher, Rundfunk und Fernsehen berichten über alles und von überall. Und unser Wohlstand ermöglicht es uns, überall hinzukommen. Das, was man zuerst

liest oder hört, kann man sich dann selbst er-reisen, es überprüfen und kennenlernen. Das gilt auch für die Religionen dieser Welt.
Es hat sich gezeigt, daß die Religionen und Weltanschauungen des Ostens auf uns hektische Menschen im Westen eine große Anziehungskraft ausüben. Das ist verständlich, denn der getriebene und besitzgierige Mensch sehnt sich eines Tages nach Ruhe und nach *Sein.* Deshalb sind viele ausgestiegen und steigen noch aus.
Neben den östlichen Einflüssen gibt es auch noch die der Indianer in Nord-, Mittel- und Südamerika. Aber da geht es weniger um Wiedergeburt, sondern um das Verhältnis zur Natur, zum Kosmos als Ganzem.
Ich muß selbst gestehen, diese Sicht der Welt kann ich gut teilen, weil sie uns hilft, die Welt positiv zu sehen, und uns Menschen in die Geschichte des Kosmos mit einbezieht. Wir, die kleinen Sandkörner, dürfen trotzdem das Bewußtsein haben, daß wir Teil dieser großen Einheit sind. Ich habe mich daher unter den »Indios« immer wohl gefühlt, habe, wenn ich in Costa Rica war und mit Einheimischen zusammenkam, immer »heimatliche« Gefühle gehabt. Einmal, wie ich von San José abgereist bin, ist mir ein Satz aus einem Lied aus der österreichischen Popszene eingefallen. Es singt da einer (oder mehrere): »Eines Tags bleib i dann durt!«
Man will wohl deshalb dortbleiben, weil dort eben Mensch und Natur mehr eine Einheit sind als hier bei uns, wo schon viel Technik, viel Chemie und viele Kommunikationsmittel am Werk sind.

Aber ich sollte Dir weniger von meinen Heimatgefühlen bei den Indios berichten als über die unguten Gefühle, die mich befallen, wenn ich über Wiedergeburt reden soll. Diese unguten Gefühle kommen wahrscheinlich von dort, wo sich etwas in mir dagegen wehrt, daß ich glauben soll, ich könnte mich doch selbst erlösen. Du, aber vor allem der Hannes, ihr habt es mir angesehen, daß es mir nicht leichtfällt, die Lehre von der Wiedergeburt christlich zu taufen. Mir fällt es gar nicht schwer, diese Ansicht zu tolerieren. Ich glaube, daß man im Buddhismus, im Hunduismus dieses Wiederkommen ohne weiteres annehmen kann. Und wenn ich nicht zufällig in Dornbirn, sondern in Katmandu zur Welt gekommen wäre, wäre die Lehre, daß ich wiederkomme, für mich und mein Denken selbstverständlich. Schon deshalb, weil ich dann auch eine ganz verschiedene Zeitauffassung hätte. Im Osten ist die Zeit zirkulär. Da geht alles im Kreis, und weil alles im Kreis geht, kommt es immer wieder, auch das Bewußtsein, auch das Leben, es verlöscht kurz- oder längerfristig und kommt dann wieder. Und dieser Kreislauf ist ewig. Man kann daher sagen, daß es sogar logisch ist, daß auch ich, wenn auch in geänderter Form, wiederkomme.
Damit ist noch ein anderer Gedanke verbunden: Die Welt ist voller Gegensätze – groß und klein, dick und dünn, schwarz und weiß, und auch Mann und Frau. Wenn aber diese Gegensätze durch den Tod ausgelöscht werden, gehen sie in dem unter, oder besser gesagt in das ein, was keine Gegensätze mehr hat, in das Alles oder in

ein ganz erfülltes Nichts, wie man wohl das hinduistische Nirwana umschreiben darf. Und dieses erfüllte Ausgelöschtsein ist, so wie ich es verstehe, etwas Unpersönliches, was aber nichts Negatives sagt. Im Gegenteil, ich kann Menschen verstehen, die in einem Zustand totaler Ruhe und Gelassenheit aufgehoben sein wollen. Sie wollen im All aufgehen.

Nun bin ich aber ein Mensch, der sehr am Persönlichen, am Einzelnen, am Individuellen hängt. Deshalb hänge ich wohl so am Christentum, weil es mir erlaubt, an einen persönlichen Gott zu glauben und in ihm auch an das, was wir den persönlichen Himmel nennen. Und es gefällt mir auch sehr die Botschaft davon, wie ich zu diesem Glück komme.

Und genau dort liegt für mich der Unterschied zu den Lehren von der Wiedergeburt. Hintergrund dieser Lehren ist die große Hoffnung, sich selbst erlösen zu können. Eine edle Lehre, und die Menschen, die diese Lehre vortragen und vorleben, sind selbst geprägt vom Edlen. Da diese Lehre in langer Erfahrung gereift ist, trägt sie auch viel Lebensweisheit in sich. Um so verständlicher, daß solche Weisheit hohe moralische Ansprüche an den Gläubigen stellt. Nun können wir aber nicht immer diesen hohen Ansprüchen genügen. Also muß es eine Möglichkeit geben, es wieder und wieder zu versuchen, so lange, bis man den Zustand des Nirwana erreicht. Das aber ist selbst im Kreislauf der Zeit ein langer Weg, wahrscheinlich ein Weg ungezählter Versuche.

Bei uns Christen ist das ganz anders. Wir haben

das, was man eine »lineare« Zeitauffassung nennen könnte. Bei uns gibt es den Beginn der Zeit als Beginn der Schöpfung, und es endet die Zeit und verwandelt sich in Ewigkeit. A und Ω, Alpha und Omega heißen die Punkte am Anfang und am Ende. In der Mitte der Zeit kommt Jesus von Nazareth und eröffnet einen neuen Weg, eine neue Zeit, eine neue Dimension der Erlösung. Jesu Tod und seine Auferstehung sind unsere Garanten der Erlösung, sagt der Glaube. Sicher ist es gut, wenn wir Christen ein edles Leben führen, aber es ist nicht die Bedingung für das ewige Glück. Bedingung für das ewige Glück ist der Glaube, daß Jesus mir dieses Glück durch seinen Tod erkauft hat. Bedingung wäre dann eher unsere Haltung, dieses Geschenk anzunehmen.
Dann wiederum, scheint mir, ist es nur logisch, daß ich versuche, so zu leben, wie Jesus es mir vogelebt hat und wie ich es nachleben kann. Es ist für einen Christen, wenn ihm das nicht möglich ist, nicht notwendig, ein hundertprozentig moralisches Leben zu führen. Das Christentum akzeptiert, daß der Mensch ein unvollkommenes, sündiges Wesen ist. Gott weiß ja von Anfang an um diese Unvollkommenheit. Er hat sie aufgehoben, indem sein Sohn uns in einen Bereich führt, wo uns Zeitlosigkeit und Glück für immer zuteil werden Diese Art der Erlösung läßt den Schluß zu, daß es eine Erlösung für jeden einzelnen ist. Deshalb wird uns, wenn wir bei Gott sind, persönliches Glück zuteil. Nicht umsonst dienen in der Heiligen Schrift Hinweise auf Festmähler als Hinweise auf dieses Glück. Glück ist Freude in einer

Gemeinschaft, die ein Fest feiert. Gott lädt uns dazu ein; die Frage ist also nur: Lassen wir uns einladen?
Ich glaube auch, daß das Element der Freude in unserem Glauben mehr betont werden sollte. Wir nehmen die Dinge des Himmels zu ernst.
Mich freut es daher, wenn im Gegensatz zu dieser Ernsthaftigkeit es unter Euch Jugendlichen schon viele gibt, die die Freude am Leben, die Freude an Gott gemeinschaftlich erfahren wollen. Ich finde darum auch das Lied gut, das Ihr letztes Mal im Studentengottesdienst gesungen habt: »Unser Leben sei ein Fest, Jesu Geist in unserer Mitte.«
Damit drückt man singend aus, was man tun sollte, nämlich dafür sorgen, daß möglichst viele daran etwas Festliches finden können. Aber das jetzt zu besprechen würde ein eigener Brief werden. Vielleicht können wir darüber reden, wenn wir uns wieder treffen. Bis dahin sei herzlich gegrüßt, und zeig dem Hannes, was ich Dir geschrieben habe. Kann sein, daß er jetzt besser versteht, wenn ich meine: mir genüge die Erlösung durch Jesus und das Bemühen, Ihm nachzufolgen, brauche soviel Kraft, schenke aber zugleich auch soviel Freude, daß ich mir erspare, mich noch nach anderen Erlösungsmöglichkeiten umzusehen. Sag ihm aber auch, daß ich es gut verstehe, wenn junge Menschen auch selbst noch zur Erlösung etwas beitragen wollen. Das kann man aber auch, indem man Jesus hilft, daß diese Welt menschlicher wird.

Das meint halt Dein G. P.

Brief 8

an Roland, der nach seiner Matura in die Entwicklungshilfe will und von seinem Vater deshalb für verrückt gehalten wird. Titel:

Wie kann man nur!?

Lieber Roland, Dein Brief hat mich sehr gefreut, obwohl er mich auch ein wenig traurig gestimmt hat. Aber das sind auch zwei verschiedene Paar Stiefel, der Empfang eines Briefes und das Gefühl, das man hat, sobald der Brief gelesen ist. Gefreut hat mich, mit welcher Zuversicht Du in die Zukunft blickst, denn wenn man tun will, was Du tun willst, dann braucht man die Zuversicht, braucht man viel Selbstvertrauen und dazu eine ganz nüchterne Betrachtungsweise. Das scheint nun eine wilde Mixtur zu sein: Zuversicht und Einsicht in die Realität. Aber nach einigem Überlegen wird man feststellen, daß sie sehr gut zusammenpassen. Denn wer so wie Du etwas für die dritte Welt tun will, braucht diese Nüchternheit in der Betrachtung unbedingt, weil er sonst nur zu leicht Schiffbruch erleidet. Mir kommt vor, bei einem solchen Entschluß kann man genauso einfahren, wie wenn man verliebt ist. Idealismus und Liebe können einen blind machen, was aber noch ärger ist, sie machen kurzsichtig. Bekommt man dann eines Tages eine Brille verpaßt, sieht man die Wirklichkeit, wie sie ist, und das tut dann sehr weh. Die rosarote Brille des Idealismus verfärbt die Wirklichkeit und macht die grauen Dinge

rosarot – leider, wie es das Leben beweist, nicht für immer.
Arbeit in der dritten Welt erfordert nicht nur Idealismus, sondern viel Kraft für oft knochenharte Arbeit. Und es braucht auch eine gute Gesundheit. Ich wäre auch gerne für ständig in »die Mission« gegangen. Aber meine Gesundheitsstruktur hätte es sicher nicht erlaubt, wirklich segensreich zu wirken. Und was die Menschen dort brauchen, ist alles andere als ein europäischer Priester, der die halbe Zeit krank herumliegt. Genauso wie ich es riskant finde, wenn Menschen in die Entwicklungshilfe gehen, die einen Beruf haben und dort ausüben wollen, den ein Einheimischer genauso ausüben kann. Da taucht dann sofort die Frage auf: Weshalb soll ich in den Ländern, wo Arbeitslosigkeit herrscht, diese noch vermehren? Wichtig sind also Beschäftigungen, mit denen wir ihnen helfen können, sich selbst zu helfen, etwa indem wir ihnen landwirtschaftliche Methoden beibringen, damit sie mehr Lebensmittel produzieren können, um gegen den eigenen Hunger anzugehen, oder ihnen helfen, einen Export aufzubauen, der wirklich denen dient, die auch gearbeitet haben. Dazu kommt, daß man ihnen helfen muß, die Dinge auch unter der Rücksicht des Umweltschutzes zu sehen. Denn was wir »westliche« Menschen im Namen des Profits in diesen Ländern angerichtet haben, spottet jeder Beschreibung.
Nun weiß ich, daß Du das auch weißt, und kann mir ersparen, die ungezählten Fehler aufzuzeigen, die wir gemacht haben. Es ist so wichtig, daß wir

diese Menschen nicht mit unserem Fortschritt und unserer Technik überfahren, die doch schon unsere »alte« Welt nahe an den Rand des Untergangs gedrängt haben. Du weißt aber, ich bin nun nicht der Mensch, der in Angst machen will. Ich glaube viel eher, daß Menschen wie Du sich mit Ihrem Wissen und Ihrem Können überlegen können, wie man alles besser macht, ich möchte sagen: sachgerechter damit umgeht.
Es gab einen Film mit dem Titel »Zur Sache, Schätzchen«. Darin wurde ein Satz zitiert, den ich nie mehr vergessen habe, obwohl es schon lange her ist, daß dieser Film gelaufen ist. In einem Gespräch wollte einer wissen, was »fummeln« ist. Er bekam von einem Mechaniker die Antwort: »Sich in ungeeigneter Weise an einem Objekt zu schaffen machen!« Das gilt nun für die Methoden von Kolonisation und Imperialismus und auch des Kapitalismus, der bereit ist, für Gold und Öl über Leichen zu gehen.
Nun gibt es zum Glück auch Menschen wie Dich. Menschen, denen es um Entwicklung geht, um eine gute Entwicklung. Und Du wirst ja sehen, wer Entwicklung fördern will, wird selbst auch in der Entwicklung gefördert. Ich kann Dir das aus eigener Erfahrung bestätigen. Ich habe zum Beispiel von den Menschen in Costa Rica viel gelernt. Obwohl ich mich dort insgesamt nur drei, vier Monate aufgehalten habe, habe ich, was den Frieden oder das Funktionieren einer Gemeinschaft betrifft, mehr gelernt als von den Lehrern hier in den letzten 50 Jahren.
Entwicklungshilfe sollte ein Kommunikationspro-

zeß sein. Ein gegenseitiger Austausch, ein gegenseitiges Kennenlernen und gegenseitige Hilfe. Dabei schaut dann auch wirklich etwas heraus, wenn die Wirkung gegenseitig ist Einseitigkeit führt zur Abhängigkeit und, wie sich vielerorts zeigt, zu Auflehnung und Aggression. Wenn ich nämlich nicht fähig bin, jemanden als Mensch, wirklich als Mensch zu akzeptieren, degradiere ich ihn, auch wenn ich ihm noch so viele Dollars schenke oder Zinsschulden erlasse.
Deshalb bin ich auch so unglücklich, wenn wir von einer »dritten« Welt reden. Das setzt nämlich voraus, daß da ein paar sich für die »Ersten« oder die »Zweiten« halten. Und die »Dritten« sind dann die, die halt gerade noch Bronze erhalten, und die »Vierten« sind gar nur noch Blech wert. Es ist doch wohl nicht daran zu zweifeln, daß es zwischen uns und diesen Menschen so vieles gibt, was die einen den anderen geben können, daß man keine Unterschiede im Menschsein machen kann. Und um den Menschen sollte es ja gehen und nicht um das Einkommen oder um das Bruttosozialprodukt, so gut es auch sein mag, daß diese Menschen, die wir für drittklassig halten, auch zu höheren Einkünften kommen. Vielleicht kannst gerade Du mit Deiner Vorbildung als Handelsakademiker helfen, ihre einkommensmäßige Zukunft besser zu gestalten. Oft ist schon viel getan, wenn man ihnen beibringt, mit dem Geld besser umzugehen. Das gilt aber nicht nur für die dort, das gilt für uns hier genauso. Ich bin überzeugt, viele von uns, auch Jugendliche, hauen ihr Geld sinnlos hinaus. Oder glaubst Du, daß un-

ser Alkohol- und Zigarettenkonsum eine Weise ist, sein Geld sinnvoll anzulegen? Dasselbe gilt von dem Wahn um die Statussymbole. Wir bräuchten sie nicht, und mit der Differenz zwischen dem Luxus- und dem »Normal«-Modell könnte man spielend den Hunger in der Welt vertreiben, gar nicht zu reden von den Wahnsinnssummen, die wir für die Rüstung ausgeben. Aber vielleicht gelingt es Euch jungen Ökonomen, »Umverteilungen« durchzuführen. Allerdings braucht es dazu ein neues Denken. Ein Denken, bei dem der Mensch und seine Entwicklung im Vordergrund stehen und nicht die Gier nach Geld und Macht.
Leider werde ich es nicht mehr erleben, aber meine Hoffnung ist unverbrüchlich, daß es geschehen wird. Meine Hoffnung ist begründet auf Menschen wie Dich. Nicht auf solche, die von vornherein es für »dumm« anschauen oder sogar für »hirnverbrannt«, wenn man als junger Mann mit Deinen Chancen zur Karriere hier etwas für andere tun will, für andere weit weg, die uns scheinbar gar nichts angehen. Mich freut es daher sehr, daß Du schon begonnen hast, Spanisch zu lernen. Es ist nämlich ganz wichtig, daß man mit anderen Menschen reden kann. So wie ich Dich kenne, wirst Du Dir auch bald ein paar »Indio«-Wörter zulegen, weil ja dort auch Spanisch eine »Fremdsprache« ist.
Vergiß auch Deine Gitarre nicht, denn die Musik kann uns Menschen einander oft mehr näherbringen als das Reden. Und Du wirst auch sehen, die Menschen dort singen gerne, Lieder aus ihrem

Leben, Lieder mit demselben Inhalt wie bei uns: um Liebe und Tod. Schau Dich auch bald um Freunde um. Freunde helfen Dir, die dunklen und schweren Stunden, die es auch dort gibt, zu überwinden. Und vergiß auch nicht, mit dem zu reden, der uns immer zuhört und dem man alle Sorgen anvertrauen kann – so wie es die Menschen dort auch tun, die ja zum Großteil einen tiefen Glauben haben, einen Glauben, der in der Gemeinschaft gelebt wird.
Du wirst sehen, daß es die Gemeinschaften tatsächlich gibt. Dir hat das Buch von Ernesto Cardenal über sein Evangelium mit den Bauern von Solentiname gut gefallen. Ich glaube, Du hast sehr richtig erkannt, daß es hier um eine möglichst große Annäherung an ein gelebtes Evangelium geht. Daher wirst Du auch sehen, daß ein solcher Glaube lebendiger ist als meistens hier bei uns. Auch die Kirche ist dort lebendiger, bisweilen sogar kämpferisch. Das kommt daher, daß viele der Gläubigen gerade in Mittel- und Südamerika, aber auch anderswo in Staatsverbänden leben, in denen die Diktatur herrscht. Manchmal eine Diktatur der Reichen. Da ist es dann notwendig, daß sich die Kirche auf die Seite der Armen stellt. Eigentlich muß sie das immer. Aber man hat das nicht immer und überall so gesehen.
Du hast mir vom Bischof Erwin Kräutler, einem Vorarlberger, der in Brasilien wirkt, geschrieben und gesagt, daß Du ihn bewunderst. Bewundere ihn, aber als Beispiel für viele andere, die dort wie er wirken. Bete aber auch dafür, daß Dir Gott die Kraft gibt, auf der Seite jener zu stehen, die die

Kirche besonders brauchen. Denn es gehört Kraft und Mut dazu, auf der Seite jener zu stehen, die keine Stimme haben, um in ihrer Unterdrückung gehört zu werden, wenn sie um Hilfe rufen.
Du weißt, man redet in diesem Zusammenhang auch von der Theologie der Befreiung. Sie meint, so wie ich es sehe, daß wir von einem Gott ausgehen sollen, der die Befreiung des Menschen will. Deshalb hat Er Sein Volk aus der Unterdrückung in Ägypten geholt und befreit. Dort allerdings auch mit Gewalt. Und um die Gewaltanwendung bei der Befreiung ist auch die Diskussion entstanden, die die Befreiungstheologie in Mißkredit gebracht hat. Man sagt gegen sie: Jesus sei gegen Gewalt gewesen. Andere wieder sagen: die Vertreibung der Händler aus dem Tempel sei ja auch nicht so gewaltlos geschehen.
Ich bin mir da in keiner Hinsicht sicher. Ich kann mir nicht vorstellen, daß »mein« Jesus mit einer MP durch Quito ziehen würde, um sich mit Waffengewalt Rechte zu verschaffen. Auf der anderen Seite kann ich verstehen, daß Menschen, die über ihre Kraft unterdrückt und versucht werden, zu den Waffen greifen, um sich zu wehren. Und wenn man sich wehren will oder muß, dann gibt es auch Tote.
Ich glaube aber, daß es uns hier gar nicht zusteht, irgendwelche Urteile zu fällen. Bekanntlich sehen die Dinge »vor Ort« ganz anders aus als weit weg vom Schuß.
Du wirst es selbst erfahren: Bücher, Filme und Deine Ausbildung können die Wirklichkeit nicht ersetzen. Es wird alles erstens anders sein und

zweitens, als man denkt. Und das ist gut so. Wenn man nämlich alles schon vorgeplant hätte, wäre man nicht mehr fähig, sich um- und einzustellen. Roland, Du warst immer ein beweglicher junger Mensch, das wird Dir zugute kommen. Schreib mir wieder, es interessiert mich sehr, wie es Dir geht.

Dein G. P.

PS: Ich habe in diesem Brief bewußt das Wort Abschied vermieden. Du weißt, für mich gibt es nur das Wiedersehen. Und darauf freue ich mich sehr.

Brief 9

an Wolfgang, der, obwohl jung, schon eine große Sehnsucht nach Gott entwickelt und wissen möchte, wie er Gott findet. Titel:

Ich möchte so gerne bei Ihm sein

Lieber Wolfgang, Du hast an mich die wohl schwerste Frage gestellt, die man stellen kann. Und ich vermute, man kann sie mit menschlichen Worten nicht beantworten. Denn der Vorgang, in Gott zu sein, ist so intim, so persönlich, daß man ihn nicht schildern soll, weil wir so nicht an sein Wesen herankommen.

Aber ich mache Dir einen Vorschlag: Anstatt Dir schreibe ich Deine und meine Fragen einem Mann, von dem ich glaube, daß er, sofern es möglich ist, hier auf Erden dieses »Bei-Gott-Sein« erreicht hat. Es ist der hl. Franz von Sales. Gelebt hat er von 1567 bis 1622. Nun könntest Du sagen: Das ist doch lange her, was kann der uns am Ende des 20. Jahrhunderts noch sagen? Wolfgang, Du wirst sehen: was dieser Mann getan, gelebt und geglaubt hat und wie es bei ihm war, ist heute aktueller denn je. Laß mich also beginnen:

Lieber Franz von Sales, Du hast einmal von Dir gesagt: »Ich bin nichts so sehr wie Mensch.« Mir hat das unheimlich imponiert, weil ich zunächst über Dich immer gehört habe, wie fromm und bescheiden Du gewesen bist. Allerdings, Bescheidenheit steckt schon in diesem Satz. Aber es steckt auch viel Würde darin. Wenn man sich als

Mensch sieht, schätzt man doch dieses Menschsein. Und ich kann mir gut vorstellen, daß Du dieses Menschsein schätzen konntest, weil unser Herr selbst Mensch geworden ist.
Aber eine andere Sache hast Du genauso geschätzt: Du wolltest den Willen des Vaters im Himmel tun, und das jederzeit und überall. Es wird von Dir berichtet – und ich glaube den Zeugen –, daß Du ein begeistertes Leben führen konntest, weil Dir aus dem Glauben soviel Kraft zuwuchs. Und der Glaube war wiederum so, daß Du einfach so tun wolltest, wie Jesus der Herr getan hat, der ja von sich auch gesagt hat: »Mein Wille ist es, den Willen des Vaters zu tun.« Und wir wissen aus den Evangelien, wie Er den Willen erfüllt hat, Er war ganz für uns Menschen da und zugleich auch ganz für seinen Vater.
Es wundert mich daher nicht, daß Du die ganze Kraft Deines Lebens aus dieser »Kombination« bezogen hast. Du hast dem Vater, Du hast Jesus vertraut, aber dabei auf Deine tagtäglichen Verpflichtungen nicht vergessen.
Wenn man nun voll in der Arbeit steht, dann kann es sein, daß man sehr beansprucht wird und sich manchmal recht einsam vorkommt. Du seist aber nie traurig gewesen, wenn Du die Gegenwart Gottes nicht spürtest, sagt man. Man sagt aber auch, Du seist doch glücklich gewesen, *wenn* Du Seine Nähe spürtest. Und Du hast sie gespürt, wenn Du bei Dir selbst eingekehrt bist, wenn Du Dich bei Dir gesammelt hast.
Was mich an den Berichten über Dich auch immer fasziniert hat, ist dies, daß es Dir gelang, allen

Dingen eine gute Seite abzugewinnen. Es ist mir klar, daß das eine ganz positive Lebenshaltung abgibt. Aber es ist nicht leicht. Wenn man ganz Mensch ist und sein will, ist man Anfechtungen ausgesetzt. Ich weiß auch, daß es Menschen gegeben hat, die Dich nicht mochten. Es hat Dir sicher weh getan. Aber Du hast Dich auf Dich und Gott zurückgezogen. Allerdings hast Du beklagte Zustände, wenn es in Deiner Möglichkeit war, abgestellt oder wenigstens gesucht, sie erträglicher zu machen. Das gehörte zu Deiner Lebensphilosophie: die Verbindung von Beten und Tun. Nicht umsonst hast Du gesagt: »In diesem Leben muß man mit Werken und Taten beten.«

Lieber Franz von Sales, ich kenne das, und ich bin Dir dankbar dafür, daß Du das gesagt hast. Es tröstet mich, sooft es mich umtreibt und die Gänge der Zeit kaum Zeit zu einem Gebet lassen. Bei Dir brauchte es das »äußerliche« Gebet nicht mehr. Du hattest gelernt, mit Deinem Innern zu beten. Vielleicht hat Dir auch der Satz des hl. Paulus, so wie mir, viel geholfen, der besagt, daß es der Heilige Geist ist, der in uns betet und seufzt: Abba! (Vater).

Wenn man nämlich das weiß, weiß man auch, wenn auch nur unbewußt, daß Gott uns liebt, so wie eine gute Mutter, so wie ein guter Vater ihre Kinder lieben. Wenn man dieses Gefühl in sich hegen kann, dann ist man so wie Du fähig, in allem und in allen auch Gott, etwas Göttliches zu sehen. Dadurch ist Gott immer bei uns und, da wir ja auch zu den »Dingen« dieser Welt gehören,

auch in uns. Und dadurch werden wir dann ja auf eine höhere Ebene gehoben.
Ich weiß aber auch, wie schwer es ist, daran zu glauben, daß wir erhoben sind. Wir begegnen ja immer wieder unseren Schwächen. Daher finde ich es einmalig, daß es Dir gelungen ist, selbst in Deinen Schwächen zu erkennen, daß Gott Dich liebt. Deshalb wohl hast Du so gerne jene Worte gebetet: »O Herr, wenn ich etwas im Himmel oder auf der Erde suche, so nur Dich. Du bist mein Anteil, Du bist mein Erbe!«
Ich glaube, daß diese Deine Haltung Dir erlaubt hat, die Dinge des Lebens so gelassen zu nehmen. Nur so ist einer Deiner Leitsätze zu verstehen: »Bitte um nichts, wünsche nichts und verweigere nichts!«
Wenn ich das nun lese, weiß ich, wie weit ich von Dir entfernt bin. Mich regen noch viele Dinge furchtbar auf, obwohl ich sehr an die Wichtigkeit der Gelassenheit glaube. Vielleicht komme ich auch einmal so weit, daß ich wie Du sagen kann: »Was könnte unseren Frieden antasten? Wenn alles in der Welt drunter und drüber ginge, würde es mich doch nicht verwirren, denn was vermag die ganze Welt, wenn das Herz in Frieden ist?«
Lieber Franz von Sales, so etwas kann man wohl nur sagen, wenn man tatsächlich einen lebendigen Glauben hat. Er zeigt sich in der Gelassenheit, die wohl dort ihren radikalsten Ausdruck findet, wo unser Herr am Kreuz gesagt hat: »Vater, verzeihe ihnen, denn sie wissen nicht, was sie tun.« Denn höher geht es wohl nicht mehr.
Sicher hat noch etwas bei Dir eine Rolle gespielt.

Du konntest ohne jeden Zweifel an Gottes Vorsehung glauben. Wenn man das tut, dann kann man so viele scheinbar unlösbare Probleme und Fragen relativieren. Es genügt, an Gottes Willen zu glauben. Leider gibt es nur wenige, die das zustande bringen. Deshalb ist wohl die Welt so durcheinander. Wir forschen nach Gründen, suchen nach Erklärungen, anstatt es so zu machen wie Du: einfach zu glauben, daß es Gottes Pläne sind, die, wenn wir sie auch nicht durchschauen, einen guten Ausgang haben.
Aus dieser Erkenntnis heraus hast Du gearbeitet, und es wird berichtet, daß selbst manches, das aussichtslos erschien, zu einem guten Ende gekommen ist. Dazu hat auch gepaßt, daß trotz aller Erfahrung menschlicher Schwächen in Dir das Vertrauen zu Gott gewachsen ist. Bei uns übrigen Menschen nimmt es bei Schwierigkeiten eher ab. Deshalb hat es Dir wahrscheinlich eher Freude als Kummer bereitet, mit den Schwächen konfrontiert zu werden, denn Du hast Dich gefreut, wenn es Dir gelang, mit Gottes Hilfe gelang, mit einer fertig zu werden.
Dadurch konntest Du wohl auch soviel leisten, weil Dir Dein Gottvertrauen viel Mut und Ausdauer verlieh. Du warst nie ein Faulenzer und hast Dich vor schweren Aufgaben nicht gedrückt. Trotzdem bist Du immer zurückhaltend gewesen. Glaube mir, heute wäre das nicht so leicht möglich. Und die Medien würden über Dich herfallen, Deine »Hirtenbriefe« loben oder zerfransen. Aber Du hättest sicher einen Weg gefunden, wie man trotz der Massenkommunikationsmittel mit ihrer

Bereitschaft, alles ans Licht zu bringen, sich eine eigene Bescheidenheit bewahrt. Du hättest einfach alles Gott zugeschrieben – und damit wäre der Fall erledigt gewesen.
Deine Natürlichkeit in religiösen Übungen hat Dir erlaubt, damals nicht aufzufallen, aber auch, nicht in falsche Frömmelei zu verfallen. Es gab da keinen frommen Augenaufschlag, dafür aber eine große Liebe zur Heiligen Messe, zu unserem Herrn im Brot. Gut, man könnte sagen: »Na, net, der war ja Bischof.« Aber Menschen wie Du überlegen sich nicht, ob sie jetzt am Sonntag zum Gottesdienst gehen wollen oder sollten. Die Liebe zum Brot des Lebens ist eine natürliche Zugmaschine, bei der es kein Wenn und Aber gibt.
Daher ist es verständlich, daß Du so flammend über die »Eucharistie«, wie wir sagen, reden konntest. Dabei ging Dir der Mund über, und ebenso, wenn Du von Gott gesprochen hast oder von dem Weg zu einem vollkommenen Leben. Trotzdem warst Du nachsichtig mit Menschen, die fehlerhaft und sündig waren. Es haben dir daher die Menschen soviel Vertrauen geschenkt, denn Du hast mit ihnen über Fehler und Sünden gelitten. Du hast Dich aber auch mit ihnen gefreut, wenn sie wieder einen Schritt weitergekommen sind. Die Freundlichkeit war ja ein Leitmotiv Deiner Seelsorge. Daraus ist auch der Satz sehr einleuchtend: Mit einem Tropfen Honig fängt man mehr Fliegen als mit einem Faß voll Essig. Da steckte aber, das weiß ich, nicht billige Absicht und Strategie dahinter, sondern die Liebe, die Du zu den Menschen haben durftest. Es wird von Dir

gesagt, Du seist einer von denen gewesen, oder besser: Du *bist* einer von denen, die die Liebe gelebt haben und nicht nur gepredigt, deshalb hast Du so viele Freunde gehabt und hast sie wohl noch heute.
Und deshalb habe ich Dir auch geschrieben, damit Dein Weg mit und zu Gott auch für uns heute ein Beispiel sein kann. Und dieser Weg ist: Sagen und Tun möglichst einander näherbringen, eigenen Mut und Gottvertrauen zusammenbinden, und über allem der ausgeführte Vorsatz, Gottes Willen zu erfüllen, indem man versucht, so zu tun, wie Jesus getan hat.

Dein G. P.

PS: Lieber Franz von Sales, ich glaube, daß Du nicht tot bist, sondern höchst lebendig, ich muß mich deshalb auch nicht verabschieden, weil es in Deiner Welt weder Zeit noch Abschied gibt. Ich wünsche mir vielmehr von Herzen, Du mögest gütig auf uns blicken und uns ein wenig nur von Deiner Kraft geben, damit sie uns helfe, ein sinnvolles Leben »in Gott« zu führen.